本书为山东省高等学校“青创人才引育计划”——人力资源与人力资本服务业高质量发展研究团队资助项目；山东青年政治学院2022年度学术专著出版基金资助项目。

海外派遣

员工的心理资本与工作安全感

刘甲坤　万利　著

中国社会科学出版社

图书在版编目（CIP）数据

海外派遣：员工的心理资本与工作安全感/刘甲坤，万利著．—北京：中国社会科学出版社，2023.4

ISBN 978 - 7 - 5227 - 1760 - 9

Ⅰ.①海… Ⅱ.①刘… ②万… Ⅲ.①海外企业—职工—心理健康—研究 Ⅳ.①F272.92②R395.6

中国国家版本馆 CIP 数据核字(2023)第 059218 号

出 版 人　赵剑英
责任编辑　王　衡
责任校对　王　森
责任印制　王　超

出　　版　中国社会科学出版社
社　　址　北京鼓楼西大街甲 158 号
邮　　编　100720
网　　址　http://www.csspw.cn
发 行 部　010 - 84083685
门 市 部　010 - 84029450
经　　销　新华书店及其他书店

印　　刷　北京君升印刷有限公司
装　　订　廊坊市广阳区广增装订厂
版　　次　2023 年 4 月第 1 版
印　　次　2023 年 4 月第 1 次印刷

开　　本　710 × 1000　1/16
印　　张　15.75
插　　页　2
字　　数　202 千字
定　　价　85.00 元

凡购买中国社会科学出版社图书，如有质量问题请与本社营销中心联系调换
电话：010 - 84083683

前　言

现阶段，在新发展格局这一环境背景下，国内大循环为主体、国内国际双循环成为中资国际企业发展的关键突破口。在人才选拔、管理和培养的问题上，需要给予充分重视，解决当前存在的匮乏的外派人员、持续上升的失败率、不断增加的企业成本以及低下的企业效率等问题；需要有合适的人才来解决越来越多的国际业务，吸收一些能够在多元文化背景下反应灵活、表现积极的综合型外派人员。虽然国际业务与跨国互动在一定程度上促进了企业的发展，提高了企业的竞争力；但换个角度来看，企业在不同的文化背景下所采取的一些举措也会影响员工的一些行为和心理，其带来的负面效果会增加员工自身的负面感受，产生对工作稳定性与工作延续性的忧虑，这些忧虑即为员工感受到的工作不安全感。无论是站在企业的角度，还是站在员工的角度上来看，工作不安全感的存在皆是不利的，工作不安全感的包含范围不仅仅拘泥于具体的阶层，企业的不同层级管理者甚至是普通员工对工作都会产生或大或小的不安全感。如果从员工和企业两个方面来看，负面影响主要会使员工个人的心理、生理健康受到损害，其次还会让员工的工作能力、行为意向、组织忠诚度不断消磨，而从企业的角度来看，员工所受到的消极影响最终会让企业蒙受巨大的损失。

但是在组织成员出现工作不安全感的情况时，企业针对性地设计出有效的解决对策十分困难，大多数情况下，员工需要根据自身的情况来适应或者改变这一感受。所以，企业需要消除员工内心的不安全感，帮助员工加深与企业之间的联系，引导员工保持积极向上的工作态度，减缓其对工作的不适应，这也是本书研究的主要问题。

西方学者创立的组织行为学在应用的基础上逐渐被“心理资本”所取代，无论是在管理实践层面还是科学理论层面，越来越多的人开始重视起心理资本的价值和意义，这是在财力、人力、社会等资本之后出现的又一重要的资本。2007 年美国学者 Luthans 等提出员工的心理资本企业竞争的优势根本，据此可以得出在企业未来的发展中，心理资本的开发和管理在企业管理活动中扮演着越来越重要的角色，大部分管理者已经关注到这一现象，一些学者开始从组织和管理活动中关注这一观点。心理学领域中积极的方面让我们意识到在日后研究中，如何充分发挥人才的积极优势是重要的方向。心理资本指的是，个体在成长过程中逐渐养成的一种乐观、充盈、强韧等积极向上的心理状态。研究说明，心理资本具有较强的开发潜力，且心理资本对于企业员工的心理和行为具有显著的正向预测作用，进而员工的组织公民行为、对组织的信任、组织承诺、工作绩效、工作重塑等得到提高，员工工作安全感、到岗率增加，组织的绩效、组织的韧性、盈利能力等得到提升。①

本书认为，心理资本降低工作要求从而消除工作上面的不安全感，

① Luthans F.，Youssef C. M.，Avolio B. J.，*Psychological Capital Developing the Human Competitve Edge*，Oxford，UK：Oxford University Press，2007.

JD-R 模型认为，人体的负面影响是由于工作要求对身心等成本进行损耗造成的。但是个人的资源对工作中的不安全感有一定的缓解作用，心理资本是个人资源的一种，积极地应对工作可以从心底里重新评估这些压力，使得人们应对压力能够更加从容，使得一些不安全的感受得到有效的缓解，积极的心理资本对员工来说能够促进积极情绪的产生，在一定程度上让工作的不安全感降低；反之，员工的积极心理资本不够强，就将不利于员工在思想中产生积极情绪，不利于降低工作所带来的负面效果。现有的研究成果说明，心理资本与工作不安全感之间显著负相关。

此外，员工个体意识的提升、环境的动态变化体现了组织需要将视角转向员工的主动性行为。在工作设计中，员工也可以积极主动地参与这个命题，工作重塑（Job Crafting）概念随之产生。Wrzesniewski 和 Dutton① 提出了工作重塑的定义，认为工作过程中员工会对工作任务和工作关系作出解读，从而做出认知和生理方面的反应。工作重塑对员工来说能够帮助其解决一些工作中的不稳定因素，改变员工的不良态度和行为。员工经过工作重塑之后会使得自身的工作所需知识和技能得到不断地提升，工作中的自主程度也会提高，自身工作资源和要求之间的匹配度也越来越紧密，发展机会增加，员工的工作安全感低带来的消极影响得到有效缓解。之前的实证研究也对这一点做出了明确说明。

Ghitulescu② 提出，工作重塑正向影响工作表现，工作重塑对组织中员工来说有着较强的人岗适配度，此外员工内心的焦虑感也会随之降

① Wrzesniewski A., Dutton J. E., "Crafting a Job: Revisioning Employees as Active Crafters of Their Work", *Academy of Management Review*, 2001, 26 (2).

② Ghitulescu B. E., "Shaping Tasks and Relationships at Work Examining the Antecedents and Consequences of Employee Job Crafting", The Degree of Thesis, University Pittsburgh, 2006.

低。Tims 和 Bakker①提出，工作重塑最直接明显的作用就是帮助员工更好地完成任务，此外，在工作过程中及时调整自身的工作态度，降低工作的倦怠感。吕旭宁和白新文②以及 Rudolph 等③提出，工作重塑可帮助员工在工作中集中精力，利用现有的资源将工作绩效不断提升。Vogt 等④提出，工作重塑对员工的工作安全感会有不同程度的提升。

综合之前的研究成果可以发现，心理资本和工作重塑与工作安全感有着较大的关联性，而且员工工作安全感受会因为个体差异受到影响，作为心理状态和行为的重要表现，其具有较强的开发性。所以本书将海外派遣员工作为主要的研究对象，利用问卷调查的方式探寻员工在工作重塑和心理资本方面的特点，探究工作安全感受到这二者的影响机制和程度。此外，找到二者之间的关联性，构建心理资本、工作重塑与工作安全感的关系模型。最终依据测量分析结果总结出人力资源开发和管理的相关策略。

本书以海外派遣 363 名员工作为样本数据，在统计分析的基础上针对数据展开了分析，包括信度、效度检验、独立样本检验以及相应的相关分析和回归分析等。最终形成的结论如下：海外派遣员工的心理资本、工作重塑均与工作安全感存在显著正相关影响，即员工的心理资本和工作重塑程度越高，工作安全感程度越高；工作重塑在员工的心理资

① Tims M.，Bakker A. B.，"Job Crafting：Towards a New Model of Individual Job Redesign"，*SA Journal of Industrial Psychology*，2010，36（2）.

② 吕旭宁、白新文：《工作重塑对科研机构知识产权人员工作投入、满意度和工作绩效的影响》，《科学管理研究》2017 年第 2 期。

③ Rudolph C. W.，Katz I. M.，Lavigne K. N.，et al.，"Job Crafting：A Meta – analysis of Relationship with Individual Difference Job Characteristics and Work Outcomes"，*Journal of Vocational Behavior*，2017，102.

④ Vogt，H. B.，et al.，"The Consequnences of Job Crafting a Three – wave Study"，*European Journal of Work and Organizational Psychology*，2017，25（3）.

本与工作安全感之间起到部分中介作用；以及授权领导在心理资本与工作重塑之间起到调节作用。在对控制变量进行研究的过程中发现，工作安全感的高低会受到学历的高低、性别等的影响。其他控制变量影响就业并不显著。最后基于已有结论下，从企业、特别是员工个体角度出发，提出了一些针对性的建议。

基于以上问题，本书共分为以下几个部分。第一部分为导言，具体来说包括研究背景及目标、方法、内容以及研究思路。

第二部分为概念界定、国内外研究现状以及相关理论基础，主要包括本书研究变量的相关概念界定，国内外研究现状的梳理，并结合理论基础，通过变量之间的关系构建研究理论假设。

第三部分为研究方法及研究模型，主要通过文献综述和理论基础构建研究模型，对相关研究概念进行可操作性定义和量表的选定，为了验证研究假设和模型，通过问卷调查进行样本抽样，并对样本进行描述性统计。

第四部分为实证分析，通过对回收的调查问卷进行有效处理，并进行信度和效度检验、相关分析及回归分析，检验研究假设及研究模型，对工作安全感的影响因素心理资本、工作重塑等影响进行分析，探究工作重塑在心理资本与工作安全感方面发挥的一些中介作用以及授权领导力在心理资本和工作重塑之间的调节作用。

第五部分为结论与不足，根据实证分析结果，得出研究结论和启示，并对研究不足之处进行阐述。

本书的创新点表现如下：首先，针对员工个体的心理和行为，从心理资本和工作重塑的视角对工作安全感的影响进行分析，补充了以往文献研究较少的缺陷；其次，通过授权领导力的调节作用指出领导的授权程度是如何调节员工个体的心理及行为的；最后，在数据选取上以海外派遣员工样本作为研究的载体，同时对各个海外企业的数据进行调查分析，立足于现状问题，对问题进行理论分析和实证分析，研究结论具有代表性，能够在一定程度上帮助中国企业组织实现更好的发展，特别是能够为人力资源管理实践提供理论方面的研究依据，同时可以为实践提供指导和帮助。

在本书完成过程中，诚挚感谢对外经济贸易大学国际商学院、山东青年政治学院科研处、经济管理学院各位领导老师的支持，感谢人力资源管理专业学生董文博、牛子晨等同学对本书的帮助，感谢家人的理解与支持。

目　录

第一章　导言 ······ 1

第一节　研究背景和研究意义 ······ 1

第二节　研究的内容、方法 ······ 7

第二章　海外派遣 ······ 10

第一节　海外派遣员工的概念 ······ 11

第二节　海外派遣的影响因素 ······ 12

第三节　海外派遣员工面临的问题 ······ 15

第四节　海外派遣员工的国内外研究 ······ 18

第三章　心理资本 ······ 26

第一节　心理资本的概念 ······ 27

第二节　心理资本的构成 ······ 32

第三节　心理资本的测量 ······ 48

第四节　心理资本的影响因素 ······ 50

第五节　心理资本的影响效应 ······ 51

第四章　授权式领导力 …… 62
第一节　授权式领导力的发展回顾 …… 63
第二节　授权式领导力的概念 …… 65
第三节　相关概念辨析 …… 67
第四节　授权式领导力的测量 …… 72
第五节　授权式领导力的前因变量 …… 75
第六节　授权式领导力的结果变量 …… 77
第七节　授权式领导力双面性的成因 …… 87
第八节　小结 …… 90

第五章　工作重塑 …… 92
第一节　工作重塑的发展回顾 …… 93
第二节　工作重塑的概念 …… 96
第三节　工作重塑的类型 …… 97
第四节　工作重塑的维度与测量 …… 100
第五节　工作重塑的相关研究 …… 103
第六节　工作重塑的干预方案 …… 113
第七节　小结 …… 116

第六章　工作安全感 …… 117
第一节　工作安全感的概念 …… 118
第二节　工作安全感的维度与测量 …… 120
第三节　工作安全感的相关研究 …… 122

第七章 理论基础 …… 127

第一节 资源保存理论 …… 127

第二节 工作要求—资源模型 …… 128

第八章 研究模型及研究方法 …… 130

第一节 理论假设及模型 …… 130

第二节 研究变量概念和问卷构成 …… 147

第九章 研究结果 …… 157

第一节 变量之间的相互关系 …… 157

第二节 假设验证 …… 158

第三节 分析结果 …… 175

第十章 结论与展望 …… 177

第一节 研究结论及管理建议 …… 177

第二节 理论贡献与实践启示 …… 181

第三节 研究局限与未来展望 …… 185

参考文献 …… 187

附录：调查问卷 …… 234

第一章　导言

◇◇第一节　研究背景和研究意义

一　研究背景

自2013年"一带一路"倡议提出后，已经有大部分国家和地区在这一倡议下签署了合作文件。《中国企业全球化报告（2020）蓝皮书》分析，2018年后，国际局势越发复杂，企业正在寻求不断提升自身的影响力；同时，中国吸收外资1390.4亿美元，同比增长3.7%，排在全球第二的位置。此后，在全球外国直接投资不断下滑的趋势下，中国企业实现对外直接投资1430.4亿美元，虽然同比降低9.6%，但降幅相对于2017年有所收窄。中国企业仅次于美国和荷兰，在2018年全球外国直接投资存量中的占比为6.3%。

有关的统计数据表明，制造业是2018年来中国企业对外直接投资发生数量较多的企业类型，达到了49.6%。比如，2019年1月青山实业宣布由于在印度兴建不锈钢与电动汽车电池工厂，向印度的托莱拉

（Dholera）投资30亿美元；同年3月，英威达（Invista）这一世界上最大的综合纤维、面料、涂层等的生产以及经销商被山东如意科技集团联合其他投资人完成了收购。

在信息传输、计算机服务和软件业投资案例中，腾讯、阿里巴巴、京东、网易等中国互联网企业都有出色表现，该行业占总投资比重的15.4%。例如，2018年以来阿里巴巴集团在泰国、新加坡、印度尼西亚、印度、以色列、巴基斯坦等亚洲国家及个别欧洲国家都有建立子公司或者实施收购策略，比如收购了主要利用Apache Fink技术，通过部署大规模数据帮助企业处理解决方案的德国数据处理创业公司Data Artisans。目前，随着云计算、大数据等技术的发展和普及，中国的企业在电子商务领域已有技术优势，这也使中国企业将在跨境电商行业获得更多投资与发展的机遇。在国家政策的支持下，中国企业能够有底气迈开大步，在获取更多优质资源的同时获得更加开阔的市场，向世界供给更加国际化的人才，其发展的全球竞争力和生存空间也会更加完善，与此同时也需要注意到未来面临着更多的挑战和环境。

伴随海外业务的快速增长，旺盛的人才需要快速形成，被派遣到海外工作的中国籍员工逐年增多。海外派遣员工的工作效能对项目的成效有着显著的影响作用，如对完成的质量、履约状态、项目推进、企业的成本开支以及国际声誉等，是企业海外业务重要的影响力和推动力量。由于海外派遣员工有着不同的文化背景，工作环境和生活条件需求也不同，其在薪酬奖励、福利待遇、考核机制、技能培训、情感关怀等方面的需求变化也较大，导致许多海外派遣员工普遍存在归属感弱、留职率低、工作绩效低和派遣成功率低等问题。对于在国际化进程中的中国企业来讲，需要有适应海外不同生活文化的积极心理准备，让海外派遣员工的管理制度不断完善，了解和掌握海外派遣员工的实际需求，使海外派遣员工的奖励机制得到不断的完善；培养核心的骨干团队，保持较为稳定的员工队伍，提高员工的安全感，保证企业国际化战略实施成功，成为企业的几项重大挑战。

首先，国家在进入21世纪后就已经提出并实施“走出去”的发展战略，这与国内经济发展形势相呼应，是中国经济迈向世界的重要途径和关键的方向。而后，在《“十五”计划纲要》又对“走出去”战略进行了强调，提出这一战略是改革开放深化道路上的关键举措。对于中国企业的发展要从国家的层面给予充分的支持，开展国际化经营策略，不断提升国际化竞争的实力，加强经济技术的深度合作和发展。

其次，无论是对新兴市场的开拓，还是对企业产业结构的优化来说，技术的发展至关重要，这是经济资源获取和国际市场竞争的重要手段，也是外拓型经济发展的关键。中国经济发展必须坚持“走出去”的战略，在这一战略的支撑下迈向更高的台阶。

现阶段我们正处在“走出去”发展战略的第三阶段，也就是加快实施的阶段。近几年我国的综合国力显著提升，经济市场改革不断深化和完善，市场竞争力逐渐加强，为中国企业在海外扩张提供了底气和重要的保障支撑力量。

最后，随着不断增强的经济全球化趋势，中国的经济结构逐渐向“世界市场”方向变革。近几年，我国劳动力成本持续上升，社会的老龄化发展态势让劳动力逐渐成为成本较高的社会资源之一。密集型企业向中亚地区转移的趋势越来越明显，我国科技型技术向高增值区域转变的态势十分明显，在国际竞争和合作环境中尝试利用高技术的开发能力拓宽市场。在这样的背景下，大部分公司开始借助“走出去”的发展平台不断提升自身的人力资源能力，在人力资源跨国流转的过程中吸引更多优质的人才。全球战略成功因素中素质高、质量高且具有全球化事业的管理者等尤为重要。海外人力资源派遣是企业发展战略的重要组成部分，因此人力资源配置向全球流动的变化也越来越迅速。

而复杂的海外环境和文化差异会消极影响员工自身的心理和行为，这种影响会让员工担忧自身的工作环境，使员工体验到工作的不安全感，具体包括对工作延续性和稳定性的担忧。无论是企业组织还是个体员工，工作不安全感都会造成不同程度的影响。而且员工工作产生的不安全感与某一个阶层无关，企业中不同层级的管理者都有所涉及，其中普通员工对工作不安全感的体验会更加强烈。工作不安全感的负面影响表现在众多方面，其不仅包含短期影响也包含长期影响，同时对员工个人的生理、心理健康产生的影响也很大，这些影响会干扰员工的工作状态，从而影响企业的绩效。所以，研究者和企业管理者应该对员工的工作不安全感引起高度重视，深入研究员工工作的安全感。对员工工作安全感的特点、影响因素和组织内外变量之间的关系进行探究，帮助组织和个体解决现有问题，提升工作安全感意义重大。

二 研究意义

人才的管理和培养对企业的发展至关重要，而这似乎已经成为大家的共识，企业或者国家之间的竞争力说到底就是人才资源的竞争。过去企业的经营发展受到市场、资本以及科技研发等影响的程度较大，但人力资源似乎并未真正纳入发展企业的核心竞争力阵营，这和企业的战略发展出现了分离的尖锐问题；而在科学技术经济时代到来后，人成了信息技术和知识的开发者和拥有者，能够为企业带来极强的竞争优势，且这种优势是其他的资源不可取代的。人力资源的隐性价值对企业组织的发展越来越重要，在人力资源的管理发展到跨国的阶段时，在管理方面呈现的就是复杂、特殊以及差异性的特点，这是跨文化生活工作中每个人的心理冲突和跨文化管理过程中存在的共性问题。虽然视角和侧重点有所差别，但是都会负面影响企业的发展战略，致使企业在国际化发展过程中遭受损失。企业在竞争中能够取得先机的竞争因素，除了成本、技术、资本、资源，人力资源的作用关系也十分明显。人力资源管理是公司成长的重要推动力，其对绩效提升策略来说也十分重要。人力资源的竞争优势十分显著，尤其是20世纪90年代后期，跨国公司的失败因素中国际人力资源管理（IHRM）占据了较大的比例，特别是具有国际化工作经验和技能海外派遣员工；所以对跨国企业之间的竞争来说，海外派遣人才的吸引能力和管理能力逐渐成为跨国企业间竞争的关键性因素。①

（一）理论意义

第一，从外派人员的心理特点和行为关系等展开分析，为全球外派管理研究提供了良好的发展方向，也极大地丰富了国际人力资源管理研究的相关理论。在对外派人员的个体心理和行为关系分析时需要对外派中“人”的风险进行精确的识别，对个体在跨文化背景下的能力差异展开研究，从而为企业境外投资决策的风险控制提供理论方面的科学依据。本书基于个体心理与行为关系模型，构建了授权领导力与工作安全感的综合模型，进一步研究个体在不同维度上的心理和行为以及外部领

① Schuler Randall S., Jackson Susan E., “Linking Competitive Strategies with Human Resource Management Practices”, *The Academy of Management Executive*, 1987.

导力表现出的差异性，同时将这种差异将工作安全感联系起来，从而为未来的心理资本理论分析贡献新的发展方向和前进的思路。

第二，从心理资本、工作重塑、授权领导力与工作安全感之间的关系展开分析，构建与跨国组织管理理论相适应的模型与方法。针对人员外派和跨国企业对外投资的趋势和特点，传统测量因素需要对当前的现象进行建模与实证验证。所以，基于工作安全感关系、心理资本、工作重塑以及授权领导力的相关理论，分析“一带一路”沿线国家不同文化距离的中资企业外派人员的特点，利用定量分析的研究方法，重点对心理和行为和外部领导力展开深度探究，对外派管理人员存在的心理资本、工作重塑、授权领导力以及工作安全感存在的影响模型进行分析，为跨国组织管理提供更加适宜的匹配模型和算法。

（二）现实意义

第一，深入研究外派个体的心理资本和工作重塑上差异特点，甄选、培训、培养、激励企业的外派人员，这对国际人力资源管理实践和国际商务活动指导具有较大的现实意义。中国企业对外投资有着较高的投资区域集中度、广泛的投资行业分布格局、投资环境复杂多样等特点，企业外派结构和种类的多样化特点也较为显著。不断突出的外派风险问题使外派人员的心理稳定性受到负面影响，外派人员的跨文化工作能力对企业对外投资的成败有着较大的关联性。所以，对外派人员的心理资本和工作重塑水平进行测量，对员工个体差异进行研究，对优化企业外派风险管理，构建完善的人才甄选机制、增强企业外派绩效具有十分显著的现实意义。

第二，研究心理资本、工作重塑与工作安全感的企业外派关系，对企业展开对外投资可持续健康发展、中国企业的国际形象巩固和维护、国家间和谐关系的稳定具有十分重要的现实价值。跨文化管理能力中外派人员的心理资本和工作重塑水平是关键的影响因素，研究个体特征与工作安全感的企业外派问题，有助于了解和掌握外派员工受到文化差异影响的原因和结果，从而将外派管理人员的跨文化管理能力进行针对性的培养和提升，提升跨国公司在海外发展的绩效，降低因文化环境不适应产生的成本，促进中资企业实现可持续健康发展，在国际舞台上维护和发展好中国及其企业的声誉和形象。

三　预期创新

笔者通过查阅文献发现，学者多是从企业管理和文化差异、社会环境等方面入手研究对海外派遣员工的影响，发现员工个体心理和行为层面联系的文献并不多。笔者希望能够从这个角度出发，首先在理论上研究员工个体心理和行为层面对工作不安全感的积极影响，其次建立外部介入与个体心理和行为的相互联系，最后通过实证研究指出外部介入与个体心理和行为对工作安全感的影响，发掘外部和个体是如何影响工作安全感的。

第二节　研究的内容、方法

一　研究内容

本书研究内容主要包括以下几部分。第一，绪论部分。本章详细地阐述了研究的背景、意义，并将前人对心理资本和工作重塑对员工工作安全感的研究成果进行收集和整理，在此基础上归纳出本书的研究内容、方法和技术路线图，为读者更好地了解此书打下良好的基础。第二，文献回顾分析。该章对国内外学者的心理资本、工作重塑有关的文献资料进行了分析，尤其对其中有关工作安全感的理论观点进行了介绍，便于为后续工作安全感机制影响模型和假设研究提供坚实的理论基础支撑。第三，研究模型和假设提出。第四，理论模型构建与实证分析。从员工个体的心理和行为角度进行考察，构建对工作安全感的影响模型，并利用实证研究分析的方法进行分析。将海外派遣员工作为主要研究对象，通过一些分析手段比如描述性统计、信度效度、因子和 Logistic 回归分析等对获取的调研数据进行探析，探寻自变量（心理资本、工作重塑）对因变量（工作安全感）的影响研究。第五，促进海外人力资源公共政策体系，即提出减少海外派遣员工工作不安全感的对策和建议。从国情、企业本身，尤其是个人角度出发，根据实际的情况提出海外人力资源发展的策略和建议，希望在多方共同努力和支持下，缓解海外就业不稳定性问题。第六，总结并提出不足之处。在上述所有论证的基础上展开归纳总结，并指出当前研究存在的不足之处。

二 研究方法

本书在充分调研相关资料背景信息，从外派个体的特征差异角度展开探究，针对性地构建了心理资本、工作重塑与工作安全感的主变量关系模型，利用 SPSS 23.0 检验主变量之间的关系，研究方法主要包括以下几种。

第一，文献研究法。对前人文献研究成果以及观点进行收集整理、归纳总结，为后续研究提供理论支撑，将此次研究的主要变量确定下来，寻找相关变量研究的支持理论，提出具有科学理论支持的假设模型。

第二，调查研究法。在研究的针对性、可行性与经济性原则指导下，本书在获得研究所需的基础数据时采用的是问卷调查的形式。基于之前的文献总结成果，确定主变量和相应的测度工具、控制变量等，问卷的内容科学合理，保证得到真实、有效的结果。

第三，定量分析法。通过问卷调查定量分析收集的数据。利用 SPSS 23.0 初步处理数据并开展描述性统计分析，在信度分析和效度分析等多种计量分析方法下，检验和修正前文提出的相关理论、工作机制影响模型。

第二章　海外派遣

1985年T. 莱维第一次提出了经济全球化的概念，认为在理解这一概念时，要认识到经济活动具有全球性，即经济全球化就是在全球范围内进行贸易、资本、技术、服务等的流动、转移，随着这一活动产生各种经济关系的过程。这一过程涉及跨国运作，事实上不仅包含了商品、技术和服务的运作，同时也涵盖了信息、人员等不同类型的生产要素的流转运作。当前企业发展战略中商业领域的国际化和全球化已经成为必然的趋势。大环境下跨国公司的成立和发展就是最突出的现象，其将国际市场作为经营的导向，实施全球发展战略和集中管理策略，在跨国资本输出、构建内部营运体系、重组人力资源以及定位服务和产品等一系列措施下不断提升企业的核心竞争能力，加强复杂环境的适应能力，开展企业国际化战略，将风险分散，并完善企业发展动机。人力资源在经济全球化的过程中充当着知识再贴的角色，同时也是有力的企业国际化战略的核心要素，在企业国际化战略的成败方面起着决定性的作用，人力资源管理对企业的发展至关重要。

海外派遣是指母公司将本国员工或者其他国家的员工分配到海外，帮助公司来完成某项海外的项目或者工作任务，通常任职时间要多于半年，在任职期满后可以继续回到国内的公司。在全球经济一体化迅猛发展的进程中，业界人士对跨国公司的发展关注密切，尤其是在此类公司的数量逐渐增多的情况下，海外派遣的现象已经屡见不鲜，为更好地推进海外项目的顺利进行，海外派遣员工需要有较强的能力，保证工作的效能，掌握好项目的进度等，最重要的是维护好企业在国际中的名誉和声望。[①]

因为海外员工最先需要适应的就是非本土的文化和工作环境，在此背景下，其对激励机制和薪资、人文关怀和福利等的需求较国内也有所区别，大部分海外派遣员工在归属感方面容易出现问题，导致海外派遣容易出现离职率高且绩效低的现象。[②] 从各企业的角度来看，如何让海外派遣员工有着充分的环境准备，深入了解其真正需求十分重要，完善海外派遣员工的激励机制，确保员工队伍保持一定的稳定性，培养骨干核心团队，为企业国际化战略实施提供保证，从而更好地迎接困难挑战。[③]

第一节 海外派遣员工的概念

Harzing 和 Ruysseveldt[④] 提出海外派遣是员工在国际范围中的调任过程。员工的角色被重新定义。母公司为使资本增值的需求与风险降到

① 李英庆：《中原油田派驻海外工作员工薪酬福利制度研究》，硕士学位论文，西南石油大学，2013 年。

② Wiggins，David P. Lepak，“Clarifying the Construct of Human Resource Systems：Relating Human Resource Management to Employee performance”，*Human Resource Management Review*，1996，（2）.

③ 刘莹、张丹、周娟、王健松：《基于平衡计分卡的医院绩效管理的研究》，《中国冶金工业医学杂志》2016 年第 2 期。

④ Harzing A.，Ruysseveldt V. J.，*International Human Resource Management*，London：Sage Publications，2004.

最低，会向子公司派出总监、总经理、董事长等高层管理人员。这类人员通常会是公司在确定外派人员（Expatriate）时的首选。Harris 等①认为，“外派人员就是在母公司的任命下，本国公民或者第三方国家的国民，在东道国开展各项本国的工作任务，外派期限通常在 2—5 年之间”。海外派遣以及外派人员发挥着重要的桥梁作用，在母公司发展推动力量中占据举足轻重的地位。

一般来看，外派人员去东道国的原因主要有以下几点。第一，东道国分/子公司新成立之后，需要有对母国企业文化忠诚度较高的员工进行市场开拓，帮助企业在本地市场迅速扎根（初期阶段）。第二，在国际地位比较靠前的知名企业，为东道国公司母国战略的实施提供帮助，将经验丰富的员工调去进行管理工作（成长期阶段）。第三，东道国企业发展到一定的规模后，开始进入本地化深度融入发展阶段，母国为加强对子公司的控制，会将高层人员调去母国制定一些未来的企业发展策略（发展期）。

跨国企业发展充满着艰辛，外派人员发挥先驱作用，包括要对国家行业准入政策、市场、业务、文化等进行了解和掌握，组建本地化队伍只是开始，通过将母国公司的技术、经验等一并带过去，在此基础上进行创造耕耘，东道国公司的发展需要外派和本地员工的协同努力。

第二节 海外派遣的影响因素

一 薪资

薪酬是海外派遣员工考虑的重要因素之一。其高低决定着员工的生

① Harris H., Brewster C., Sparrow P., *International Human Resource Management*, London: Chartered Institute of Personnel and Development, 2004.

活水平，一般情况下，海外派遣员工的薪资确立需要综合考虑的因素包括以下几种。①

第一，派遣外地后的工作年限。如果超过了6个月以上就认定为是长期工作，这时国内的经济环境、政治环境、文化环境等因素之间的差异都是重要的影响因素，这些会带来一些较大的额外成本，薪资应该能让员工充分感受到生活需求和精神需求的满足。

第二，全球范围内的流动性。海外派遣员工因为项目任务建设本身的需求要进行多个国家的转移。比如外派员工最开始时在柬埔寨工作，然后调去新加坡工作，此时外派员工从一个环境调去另一个环境，生活节奏被扰乱，为使外派人员对公司的安排给予充分的理解，同时提高生活的满意度，那么企业必然要承担起这些员工的工作生活成本。

第三，区域范围间的公平性。海外员工在不同国家需要面对不同的文化和政治环境，此外当地员工和外派员工之间薪酬也存在差异，这使得海外派遣员工的消费也随之发生着不同程度的变化。如果薪酬不会随着国家的改变而改变，那么在低消费水平国家转移到高消费水平国家后，员工会产生落败的感觉；反之还会产生一些优越感。

第四，区域环境潜在的风险性。员工如果被海外派遣到政局混乱的国家，那么其自身的生命安全也会受到较大的威胁，艰难的工作环境和条件，会让员工被迫选择放弃工作。因此，企业对薪资体系进行设计时应充分激励员工战胜困境，并承担一定的人力成本。

---

① 袁雪峰：《国外关于员工激励研究的借鉴及启示》，《国际经济观察》2010年第11期。

二 家庭

家庭因素指的是家庭成员是否支持外派人员调去别的国家，这主要体现在家庭成员与外派人员之间的沟通能力、支持意愿以及家庭成员的异地的适应能力等。① 一些外派人员的子女和配偶由于种种原因不能随其离开母国，这样会产生长期异地的问题，且从时间上来看，存在着时间差的问题，缺少对子女的陪伴。如果家庭成员没有办法理解，那么员工的工作心情也会受到影响，工作的压力就会增加，从而工作的绩效会受到影响。1996 年，调查显示，国外海外派遣人员中有配偶陪伴在身边的比例为 65%，其中 67% 的家庭中有一个孩子，80% 家庭中的孩子年龄在 12 岁以下。从这些数据可以看出，外派员工的家庭因素中，配偶的工作、子女的教育等都会对外派人员产生较大的影响，这些问题会使得员工在工作和生活之间难以做到有效的平衡，热情和精力也会有所耗散。

会对其工作业绩产生影响，严重的话甚至会导致外派员工提前回国。

三 文化冲击

文化冲击是指员工从不同工作环境之间进行转移的过程中，所接受到的文化差异会使得心理产生不适应感。1990 年人类学家卡尔韦罗·罗伯格第一次提出了文化冲击的概念，他认为员工在离开自己熟悉的社会环境之后，在适应新环境之前会产生不同程度的焦虑感，总的来看，文

① Olson D. H.，Russell et al.，“Circumflex Model of Marital and Family Systems”，*Family Studies Review Yearbook*，1984，(2).

化冲击主要有四个不同的阶段性表现。

第一，甜蜜阶段。这一阶段通常在离开母国 2—3 个月时，海外派遣人员刚刚到达东道国不久，其接收到的文化产生正向的感受居多，负面和冲突的感受较少，此时对东道国的好奇心仍然较强。

第二，冲击阶段。这一阶段一般在前 3—9 个月时，员工和家属已经逐渐适应东道国的文化，出现了不同国家文化对比的想法。由于原本生活习惯和新的生活习惯的融合出现矛盾，其接收的负面反馈随之增加，在这些差异和矛盾之下，大部分员工对自身行为存在疑虑，不知道自己的行为是否恰当；一些员工很容易在这个阶段出现焦躁感，派遣失败的现象时常发生，即便最终没能回到母国，其在异国子公司的绩效也受到了一定的影响。

第三，适应阶段。这一阶段一般在前 9—10 个月时，在进行调整和适应的过程后，员工和家属对行为表现的恰当性已经有了初步了解，至此其开始实施一些恰当的行为，对文化差异的矛盾感会随着时间的流逝逐渐消散。

第四，稳定阶段。该阶段通常在 10 个月之后，此时员工及其家属已完全融入新的文化环境，可以使自己的行为恰当，曾经的疑惑和焦虑也不复存在。

第三节　海外派遣员工面临的问题

一　派遣任务的成本

一般来说，海外长期派驻人员在外派时需要考虑的又一重要因素就是成本费用。国际派驻人员整体的薪酬是最大的成本费用，除了必要的基本薪资，长期派驻的医保保险、退休金等相关的福利也是成本组成的一部分。①

长期外派的员工成本费用平均在19万（美元/年）左右。总的来看，跨国公司员工的福利要比非派遣员工的福利高，除了基本的工作津贴，还包含着一部分员工家属、配偶等的教育和医疗的费用，不同个体之间的薪酬差别较大，跨国公司在选择外派人员时不仅要考虑资金方面的成本，此外还需要有足够的时间和精力对其进行考核和筛选，在面对不同的生活挑战时，其产生的花费也是无法预计的。为了让员工更好地完成国外的项目，公司的派遣管理花费不可避免，必要时还会产生一些外包给第三方专业服务公司的费用。

总的来看，平均管理每名派遣员工的花费在22378美元/年；和这一金额相比，全体员工的平均管理费用大概在3000美元。经过调研发现，跨国任务的投资金额范围在每年10.3万—39.6万美元。平均可达到31.1美元。此前的研究发现，大部分员工即使在家属的陪伴下仍然会对此调动或者生活水平的变化感到不适。而公司在员工离开母国之前必要的培训在逐渐减少，其在这方面的投资占总投资的比例仅为0.5%。和派遣津贴花费比较相差较大，具体的教育培训费平均在1521美元左右。

二　派遣任务的健康风险

从中国石油天然气股份有限公司海外员工调查数据中可以看到，

---

① 陈宁：《常见伤害医疗救援手册》，中国医药科技出版社2015年版。

在派遣和未派遣的员工健康保险理赔率方面，不同的性别概率不同，一般男性派遣员工比未派遣员工的概率高了80%，女性派遣员工只高出了18%。此外，派遣的频率也会影响到理赔，心理紊乱对理赔率高低影响最为明显。派遣员工可以申请的保险理赔的原因比未派遣的员工多，这一现象主要体现在派遣人员因为地域原因会存在就医困难的问题，一旦治愈效果得不到保障，其病情恶化的风险会大大增加。因此在未派遣之前，其对医疗服务的需求或者对预防性的医疗保障需求会增加，而未被派遣的员工可能只有在病情出现恶化之后才会申请一些治疗费用，一些疾病会让员工的心理和身体承受双重的压力和打击，通常一些常见的疾病会被公司考虑到医疗保险的范围内。

首先，派遣过程中，人员会由于天气、水质等的变化因素产生不适感，导致睡眠质量下降；其次，在开展工作任务的过程中也会在不熟悉的文化区域进行不同语言之间的谈判和交流，在亲友支持度不够的情况下，其心理负担会加重。无论是男性还是女性，传染病和心理紊乱是最常见的两种病症。在众多的派遣经历中，传染病也是一个不可忽视的重要影响因素，派遣的过程中会受到一些微生物的影响，一旦接触到过敏性或者有毒性的微生物，其感染的风险也会随之增加。

三 派遣任务的失败

李英和班博[①]提出，海外派遣失败（Expatriate Failure）是指员工在国外环境中的有效作用并未发挥出来，那么员工的派遣进程会被打断，从而

---

① 李英、班博：《国际人力资源管理》，山东人民出版社2004年版。

采取提前召回的措施。通常员工在未能完成某项业务或者本身不适应东道国的文化的情况下，都有可能实施这一举措。实际上外派失败会给企业和员工造成直接损失和间接损失。直接损失包含海外派遣员工（涵盖家庭）的薪资、安家费以及技术培训费用，这些费用和同级员工相比要高出收入3—4倍。比如在东京1名美国外派人员成本比其在国内高出6倍，比其在爱尔兰高出3倍。所以外派的失败会让企业承担更多的损失。

此外，外派失败还会伴随着一些间接损失的产生，这些损失比直接损失更加严重。首先，外派失败对公司来说的影响主要包括公司发展受到阻碍，浪费的成本较大，之前在当地建立的供应商、生产单位、销售厂家之间的一些业务关系网和人际关系网不复存在，对企业产生不利影响。其次，对员工来说，其职业生涯的发展受到干扰，心理上无法在短时间内走出阴影和不适感，且有很大的可能无法再进行外派去执行任务，公司的工作进度受到负面影响，产生一些无法估量的成本。

第四节　海外派遣员工的国内外研究

一　国内研究

国内学者对于海外派遣人员的研究，主要关注议题有以下三个方面。

（一）跨国公司人力资源管理研究

张新胜等[①]提出，在全球竞争发展激烈的环境背景下，跨国公司的

① 张新胜等：《国际管理学：全球化时代的管理》，中国人民大学出版社2002年版。

人力资源质量是其全球竞争优势的关键性影响因素，所以人力资源管理是跨国企业不可忽视的重要职能之一。麻艳如[①]曾对日本索尼公司的人力资源管理进行过研究，认为其在人力资源开发上遵循的黄金法则是索尼发展的原动力，即进行人才选拔的过程中一定要识才、任才、用才，要给予其发展所需要的空间和条件，鼓励其接受任何挑战，宽容对待其工作上的失败，给予员工充分的信任和尊重，让员工能够享受和感受到平等和温暖的氛围，找到心理上的归属感，让员工和组织之间形成密切的联系，为企业心甘情愿地工作，不留余力地善用人才，遵循以人为本的理念，对复合型人才给予充分的培养环境。

（二）跨文化人力资源管理研究

1980 年陆红军[②]出版的《人力资源发展跨文化学通论》，是中国较早开展跨文化人力资源管理研究的著作，他是国内学界对跨文化人力资源管理进行研究的先驱人物。赵曙明[③]通过多年的研究发现，在《企业人力资源管理与开发国际比较研究》一书中提到，人力资源开发与管理系统足够成熟，其从具有差异的不同文化中得到对组织整合和知识创新的信息和元素就会越多，同时也会让信息失真和知识传递停滞等问题得到有效的缓解，为人力资源系统注入更多新的能量。实现文化整合和文化共享，有效的不同文化之间的交流与环境的深度对话起着关键的决定性作用。培育文化宽容与开放需要有系统观念、全球观念、多元化观念等思想的指引。

---

① 麻艳如：《索尼人力资源开发的“黄金法则”》，《中国人力资源开发》2003 年第 10 期。

② 陆红军主编：《人力资源发展跨文化学通论》，百家出版社 1991 年版。

③ 赵曙明：《企业人力资源管理与开发国际比较研究》，人民出版社 1999 年版。

（三）海外派遣绩效评估研究

李华和张湄①在《外派人员：跨国公司专业化管理的核心环节》一文中提出要连接外派员工职业生涯规划和绩效考核、奖惩机制。杨林②在《跨国公司如何克服人员外派失败》一文中提出，建立海外派遣非物质层面的激励机制十分重要，企业应着重妥善处理海外派遣人员的职位再安排问题。刘德学和付丹③在《基于多元智商的外派经理评价指标与选择方法》中提出，要从外派经理的工作目标和特征出发，设计出适用于外派经理选择的评价指标体系，并配套多指标决策方法。

二 国外研究

国外学者将海外派遣管理的研究分为三个重要的阶段：一是外派前，二是外派中，三是派遣回国。

第一，在对外派前阶段进行研究时主要从三个方面入手。一是选拔标准，二是选拔测试，三是海外派遣的培训。首先，跨国公司海外派遣人员在海外派遣职员的选拔过程中主要看重五个因素，分别是个人的技术能力、工作动机、性格特点、处事方式、工作态度。④ 美国选拔外派人员通常从环境和个人两个角度进行考量，个人主要是看员工本身的专业技能、家庭支持度以及跨文化的适应能力等，环境因素主要考量语

① 李华、张湄：《外派人员：跨国公司专业化管理的核心环节》，《国际经济合作》2004年第12期。

② 杨林：《跨国公司如何克服人员外派失败》，《中国人力资源开发》2004年第5期。

③ 刘德学、付丹：《基于多元智商的外派经理评价指标与选择方法》，《软科学》2004年第6期。

④ Wayne F. Cascio, *Applied Psychology in Human Resource Management*, Beijing: Peking University Press, 2005.

言、文化等因素。[①] 现在跨国企业国际人力资源部门主要担负着为企业选拔海外派遣人员的责任，制定科学合理的选拔标准，企业领导者具有最终的决定权，但是从以往经验来看，其对国际人力资源部门所制定的选拔标准并不重视，这也是二者选择一致性和协调性相互矛盾的焦点。其次，在海外派遣选拔的测试问题上，专家表示尽管大部分企业设计了个性化的心理适应能力选拔测试法，通过推荐、面谈、试用、评估中心、标准化测试等方式进行测试，但仍无法全面评估外派候选人的综合能力，并对它能否真正衡量出海外派遣员工的文化适应能力并不确定。最后，有关海外派遣的培训问题上，许多经理人在母国表现出优异的个人能力，但在其他国家的表现却比较平庸，这是因为外派员工往往面临不同工作环境的变化，因此对员工的环境适应能力有着较大的考验。企业在培训方向上对外派员工和母国的员工要有着不同的培养策略，对外派人员来说，需要重点培养其记录、革新、人际交往、奉献以及适应等综合的能力，帮助外派人员不断提升自身的实力和能力，使其在复杂多变的环境中仍然能够快速地适应和成长。

第二，在对外派过程中进行研究时主要从以下三个方面展开。一是薪酬管理，二是文化适应性，三是绩效评估。首先，在外派人员的薪酬管理中，报酬在控制和激励机制中的吸引力巨大，很多管理者成功完成了母国企业下达的目标，报酬的灵活运用在其中起到了举足轻重的作用。但是，很多海外企业并没有充分重视海外派遣的报酬的战略方法，海外派遣的薪酬管理对大多数企业来说仍然比较陌生，国内各行业研究海外派遣的报酬和公司的国际战略之间的关系的学者较少。[②] 其次，在

---

① John M.，Ivancevich，*Human Resource Management*，New York：Mc Graw – Hill，2016.

② Gomez Mejia，Balkin，*Human Resource Management*，London：Prentice Hall，2008.

外派人员的跨文化适应能力问题上，海外派遣的选择取向对人员的适应能力有着较大的影响。一般来说，海外人员的能力排在第一位的就是其抗压能力、技术进步能力、疏离处理能力，第一类属于个人取向，即对海外派遣人员进行心理健康疏导、鼓励其保持健康积极的心理状态；第二类属于他人取向，主要包括人际关系处理的能力、沟通的能力以及肢体语言等的运用能力，外派人员和东道国人民之间的相处和交流方式是重要的体现；第三类被称为感知取向，主要包括心胸宽广、模糊的容忍度、弹性等，这类取向主要随地域变化产生变化，外派人员有着较强的灵敏感知适应能力，则其外派的不稳定可能性就会降低，心理压力也会减小。[①] 最后，到目前为止，大部分企业海外派遣人员的绩效评估仍然不完善的原因主要有两个：一是生活环境和地域差异等客观条件的存在，让一些总部的管理者无法对海外的派遣员工有着全面和准确的了解，这使得海外派遣人员评估面临着实施的困难；二是大部分母国公司无法对海外派遣人员的思想动态进行及时地了解和掌握，从而使得海外派遣的绩效评估受到了严重的阻碍。当远在国外的外派人员难以被跨国企业总部管理者作出精确的绩效评估时，大部分管理者都会在制定外派员工绩效评估标准时依据子公司整体的绩效表现来确定。

第三，派遣回国阶段主要研究和分析了从海外派遣归国人员的期望值和派遣失败问题。海外派遣人员归国管理中海外派遣的期望值十分重要。跨国公司需要在海外派遣人员回到本国之前，协助海外派遣人员对自己的人生、职业规划等建立起一定的现实期望值。当前阶段

---

① Mendenhall, Dunbar, Oddou, “Expatriate Selection, Training and Career - Pathing: A Review and Critique”, *Human Resource Management*, 1987 (10).

一些跨国公司虽然有着丰富的海外人员管理的相关经验，但是针对海外派遣人员的归国期望值形成原理和归国之后能够产生何种影响效果的研究并不多，中国跨国企业通过收集整理相关的案例，结合人力资源管理实践，探寻海外派遣归国管理的有效途径，这对归国管理实现的帮助较大。

第四，在外派失败与人员提前归国问题上。外派失败意味着外派人员并未按照要求完成相应的工作，或者员工本身认为外派的预期和实际出现较大的偏差等都会发生提前回国的问题。这些外派失败都与外派管理政策的复杂性有着较大的关系。美国、日本等国家的跨国公司在外派失败研究领域有着权威的发展权，在调查对比之后得出以下结论。美国跨国公司的中途归国率在众多国家中排在首位，美国跨国公司中的外派员工外派失败的影响因素中，对环境的适应能力、情绪的不稳定、性格等影响程度最大，这些因素促使外派人员产生想要早些回国的信念和决心。

三　海外派遣人力资源管理

海外派遣人力资源管理的模式主要包括三种类型。一是民族中心主义模式，这种模式通常是母国派遣管理者，实施的是母国的管理方式，学习的是母国的理念文化。二是多国中心主义模式，主要是派驻地籍员工承担着管理的责任。三是全球中心主义模式，这一模式不受国籍的限制，管理岗位可由贤能之人来担任。

管理人员往往是团队的核心和灵魂，因此在外派团队的管理者选择方面要十分谨慎，不仅要考虑工作能力、教育背景等因素之外，还要考虑其性格特点是否具有领导能力、亲和力以及是否具有稳定的情绪等，此外家庭压力也是必须要考量的重要因素。如果备选人的驻外办公意愿较高，或者曾经有过外派的经历，这些都会使得外派工作的成功率得到有效的提升。

大部分海外派遣员工的选拔并不是企业单独完成的，需要派遣服务供应商参与并给予协助甄别和选拔。例如，博勒飞集团，其创新出来的评估工具可以综合对比分析环境因素和人格特点等，从而科学地评估备选人是否具有所需的适应能力。

Schuler 等①总结出海外派遣人力资源管理的定义为，跨国公司在实施战略性活动时采取的对计划、政策以及主旨等的管理功能，这些影响着跨国公司的目标和战略发展成效，见表 2－1。但是海外派遣人力资源管理需要考虑不断调整以适应企业发展所处的阶段、经济政治文化环境等。

表 2－1　　海外派遣人力资源管理的定义

提出人	概　念
P. 摩根(1986)	海外派遣人力资源管理模型,提出海外派遣人力资源管理包含着几个重要的组成部分:一是人力资源管理职能;二是雇员类型;三是经营所在国之间的相互作用
舒勒(1993)	海外派遣人力资源管理是跨国公司的战略行动的产物,其对公司国际事务发展和目标达成度、人力资源管理有关的功能和实践等都有着较大的影响作用
约翰·伊凡瑟维奇(1999)	国际化组织中员工管理问题上,海外派遣人力资源管理是一项极为重要的实践

① Schuler R. S., Dowling P. J., DeCieri. H. D., "An Integrative Framework of Strategic International Human Resourse Management", *Journal of Management*, 1993 (19).

续表

提出人	概　念
约翰·B. 库仑(2000)	在国际环境中应用人力资源管理的功能,这一过程就是海外派遣人力资源管理
赵曙明(2001)	国内人力资源管理和国际人力资源管理从关键变量的复杂性就可以作出区分,国际人力资源管理涉及的员工复杂性更高。海外派遣人力资源管理指的是在全球经济一体化发展背景下,不同国家人力资源管理的实践过程、经验积累以及理论成果等的融合

资料来源：李永壮等：《国际人力资源管理》，对外经济贸易大学出版社 2011 年版，第 5 页。

海外派遣管理跨文化培训是指为降低海外派遣员工内心的焦虑和不安，更好地应对文化冲击带来的压力而进行的一些预防性心理疏导。通常来说，跨国公司会聘用专业性较强的第三方专业人员来开展培训课程，主要涉及的内容有国外的风俗习惯、常用语言隐意以及文化特征等。

跨国公司母公司监管海外外设机构的战略实施现状的有效手段就是海外派遣绩效管理，这一工作内容主要由四部分组成：一是绩效计划管理，二是绩效沟通管理，三是绩效考核管理，四是绩效反馈管理。

海外派遣员工回任管理是指无论跨国公司是否派遣成功，最终这些人员都会顺利地返回母国，返回之后员工可以有多种选择，既可以离职也可以继续在母国公司工作，也就是说回任管理涉及的是整个过程的人力资源管理。

第三章　心理资本

过去研究理论知识和实践知识的学者提出，通过建立不同产业的隔墙，可以使企业在激烈的竞争中取得持久的领先地位。比如，遥遥领先的关键技术、申请相关部门进行专项保护等手段，但随着科技的进步、政府控制力量的削减，这些隔墙都在慢慢地被腐蚀，变得不够坚固。当今社会，随着我国经济的迅速提高和世界各国竞争力度不断加大，各大公司都意识到，仅凭单纯的物质很难在竞争中形成有效的竞争力，最有效的资本要数“人力资本”。其指具有专业对口、变革精神、丰富实践经历、强管理能力等组成的人员班子，已经成为企业经营业绩的重要保障。然而，尽管人们高度认可人力资本的价值，但越发增多的企业员工产生各种与工作压力有关的生理或心理问题，对员工和公司的工作业绩造成了很大的消极影响。因而，越来越多的经理人意识到，员工的心理资本是公司的另一个重要资源。美国管理学院前任会长 Luthans① 表示，公司的竞争优势不在于资本、技术，而在于人才。人类的潜力是无穷

① Luthans F.，Youssef C. M.，Avolio B. J.，*Psychological Capital Developing the Human Competitive Edge*，Oxford，UK：Oxford University Press，2007.

的，而所属人类的心理资本正是这种潜力的源泉。

◇◇第一节 心理资本的概念

许多研究者将重心放在焦躁、害怕、忧愁等负面心理的研究上，而美国著名的研究心理的教授 Seligman① 提出，应该从正面的角度来探究人的心理特点和体系，引进"积极心理"，并在 2002 年首次提出"心理资本"这一专业术语。基于 Seligman 的研究，Luthans 和 Jensen② 从积极向上的心理视角探讨企业的活动，提出了正向的企业行为学，其包括了心理资本学说的相关内容，对正向的企业活动的内涵和范围进行了界定，并认为该学说是奋发向前、具有理论支撑和实践基础的，可进行量化的、具有相似的心理特征，因此，有能力对其进一步发展，正向的企业行为可以对雇员的工作表现有正面的促进作用。

Luthans 等③根据正向企业活动的概念，提出了心理资本的定义和组成，他们认为心理资本是一种具有普遍性的正向心理因素的集合体，它包括四个基本构成要素：自身能力、积极、坚持和信心。并且心理资本及其各要素是能够测量、开发和管控的。与此同时，他们认为心理资本作为超越人力和社会的第三大资本，可以通过训练、管控等方式进行提高。其他许多研究者也探讨研究了心理资本这一新概念，只是因为出发

---

① Seligman M., Learned Optimism: How to Change Your Mind and Your Life, New York: Pocket Books, 1998.

② Luthans K. W., Jensen S. M., "The Linkage between Psychological Capital and Commitment to Organizational Mission", *Journal of Nursing Administration*, 2005, 35 (6).

③ Luthans F. B., Avolio B. J., Walumbwa F. O., et al., "The Psychological Capital of Chinese Workers: Exploring the Relationship with Performance", *Management and Organization Review*, 2005, 1 (2).

视角不同，研究者指出的心理资本概念也不同。Hosen[①] 等认为，心理资本是一种由各种途径、训练和锻炼而形成的持续时间较长、较为平稳的一种结构，比如员工自身的喜好和性格特点、对情绪的掌控、认识事物的技能、自身督促的能力等。一些学者将心理资本看作能够影响雇员心理和行为表现的一种个性特征。另一些学者则认为，心理资本是一种心理状态的特征。

相对而言，相当一部分研究者指出心理资本是状态性或近似于状态性的人格特征。例如，Goldsmith 等[②]提出，心理资本是一个人对自身、社会、人生的全面认知，是一种正面向上的心态，它可以对自身正面的情感和完美的工作表现进行预测，包括自身才能、开心、积极归因、韧性等，这些心理状态将推动员工产生积极的组织行为，获得高水平工作绩效和向上的情绪。随后，Luthans 和 Jensen[③] 进一步指出，心理资本包含众多要素，是一种与正向企业活动的内容规范相一致的正向心理情况的集合体，是一种特殊的、能激发个人正向力的活动，从而达到较高的工作绩效。Avolio 和 Luthans[④] 指出，心理资本既是一种具有可发展的、可持续的个性特质；其又表现为相对平稳的特征。这两者是一个方向上的两种截然不同的状态。目前，许多学者认为，心理资本更符合状态或近

---

① Hosen R, Solovey Hosen D, Stern L.，"Education and capital develepment: Captial as durable personal, Social, economic and Political influences on the happiness of individuals"，*Education*，2003，123（3）.

② Goldsmith A.，Veum J. R.，Darity W.，"The Impact of Psychological and Human Capital on Wages"，*Economic Inquiry*，1997，35（4）.

③ Luthans K. W.，Jensen S. M.，"The Linkage between Psychological Capital and Commitment to Organizational Mission"，*Journal of Nursing Administration*，2005，35（6）.

④ Avolio B.，Luthans F.，*The High Impact Leader: Moments Matter in Accelerating Authentic Leadership Development*，New York：Mc Graw - Hill，2006.

似于状态性的人格特征的观点，并在此前提下展开了大量研究。Luthans等①重新界定心理资本的定义，他们认为心理资本应包含四个方面，分别是自身能力、开心、充满信心和坚持，是雇员在工作中不断完善发展自我的一种正向的心理状况。

国内学者在国外的研究成果的基础上，对中国自身的心理资本进行了深入的探讨。例如，田喜洲和谢晋宇②的研究结果显示，中国公司雇员的心理资本和国外的研究结果并没有太大的差别，依然是上述四个方面。惠青山③提出，中国工人的心理资本由自身能力、充满信心、开心、冷静四个方面组成，与国外的比较，多了一个冷静的层面，去掉了坚持层面。该报告表明，中国职工心理资本内容结构与西方心理资本内容结构是有差别的。柯江林等④从中国自身文化的视角出发，对中国劳动者的心理资本构成进行了研究。他们的调查显示，在中国本土文化背景下，雇员的心理资本是二次二元结构，包括两个二级因子——事业性和人际关系性。事业性由奋发向上、坚强乐观、相信自己与永不退缩四个因素构成，这一点与西方学者所说的心理资本有异曲同工之妙；人际关系性由大方、严于律己宽以待人、成熟稳重、知恩图报组成，充分显示了中华民族优秀的精神内涵。

从以上的定义可以看出，目前学术界存在三个主要观点。一是心理

① Luthans F., Youssef C. M., Avolio B. J., *Psychological Capital Developing the Human Competitve Edge*, Oxford, UK: Oxford University Press, 2007.

② 田喜洲、谢晋宇：《组织支持感对员工工作行为的影响：心理资本中介作用的实证研究》，《南开管理评论》2010年第1期。

③ 惠青山：《中国职工心理资本内容结构及其与态度行为变量关系实证研究》，博士学位论文，暨南大学，2009年。

④ 柯江林、孙健敏、李永瑞：《心理资本：本土量表的开发及中西比较》，《心理学报》2009年第9期。

资本可以看作正向的精神状况，二是心理资本是员工的个性特点与精神状况的结合，三是有少部分学者将心理资本视为个人的个性特征。

一 心理资本特质论

特征论将心理资本视为个人的一种固有特征，并将其视为一种相对稳定的心理结构，包括认识事物的才能、性格平稳的取向、情感沟通、对自身实现监管等。把心理资本作为一种人格特质，进而能够影响到个体的行为。

二 心理资本的状态论

在心理资本的研究中，状态理论是一个重要的分支，它是一个人的积极向上的精神状态。Goldsmith 等[①]认为，心理资本是指个人在生活中逐渐形成的独属自身的个性特征，包括对学习、工作以及生活的观点。Goldsmith 等认为，企业雇员的心理状况对其工作业绩有重要的影响，结果表明，企业员工的心理资本越高，其对工作越满意，从而促使其形成正向的工作能力，并在一定程度上保持良好的工作业绩。Luthans 等[②]从正向的企业角度来看，心理的资本与特性之间存在某种差异，即在特定情况下，个人对于工作的态度是一种正面的心态，这种心态会直接影响到个人的工作行为和工作表现。Luthans 等指出，心理资本由自信与高效、非悲观、充满信心以及坚持组成。

---

① Goldsmith A., Veum J. R., Darity W., "The Impact of Psychological and Human Capital on Wages", *Economic Inquiry*, 1997, 35 (4).

② Luthans F., Avolio B. J., Avey J. B., et al., "Positive Psychological Capital: Measurement and Relationship with Performance and Satisfaction", *Personnel Psychology*, 2007 (60).

三　心理资本的综合论综合论

将特征论和状态论组合在一起形成的综合观点，是目前研究心理资本的最前沿看法。Avolio 和 Luthans[①] 在此基础上，提出了“人格”与“状态”是同一层面上的“两种方向”，其“心理资本”具有可以被“介入”的“状态”和“相对稳定性”。

Avolio 和 Luthans 引用了很多例子以支撑自身的研究，如 Bandura 和 Jourden[②] 提出的自信高效。他们首先提出了自信高效的定义，在深入的研究中，有学者将其划分为特殊和普通的自信高效。Luthans 等[③]从企业的观点来看，“雇员对自身才能的认可，即个人在一定情况下，为完美地完成工作任务所激发的动力与相关行为”，定义为特殊自我效能感。这种强调任务和情景特异性的自我效能感定义与某种状况相近似。在对自我效能的研究中，也发现了与特定相反的普遍自信、高效，反映出一个人在不同的工作环境下，能顺利地把工作做好。普遍自信高效的定义与“特质”相似，不会随着时代和环境的变化而发生变化。Snyder 和 Lopez[④] 经过众多的理论研究发现，当成功的动力和途径相交时，人们会产生一种情感，从而产生一种积极的动力。

研究结果表明，有关心理资本的观点，人们对心理资本的理解存在着同化和融合的倾向。可以很容易地发现，其作为雇员个人发展的一种正向

---

① Avolio B., Luthans F., *The High Impact Leader: Moments Matter in Accelerating Authentic Leadership Development*, New York: Mc Graw - Hill, 2006.

② Bandura A., Jourden F. J., "Self - Regulatory Mechanisms Governing the Impact of Social Comparison on Complex Decision Making", *Journal of Personality and Social Psychology*, 1991.

③ Luthans F., Avolio B. J., Avey J. B., et al., "Positive Psychological Capital: Measurement and Relationship with Performance and Satisfaction", *Personnel Psychology*, 2007 (60).

④ Snyder C. R., Lopez S. J., *Handbook of Positive*, UK: Oxford University Press, 2002.

的心理状态，它是一种超越人力资本、社会资本的重要心理因素。许多学者指出，心理资本具有如下特征。一是它包含在正向心理学的范围之内，它注重员工对于工作的主动性和工作能力，而非“错误”和“试错”；体现出自己的长处，而非短处。二是基于正向的企业活动学说规范的一种心理状况。三是在人力和社交资本的基础上建立了心理资本。人力资本强调的是“你所了解的东西”，例如思想、技巧和知识，它规定了雇员所拥有的技能和受教育程度。社交资本着重于“你认识哪些人”，其焦点在于你的人际关系网络以及有哪些人可以为你提供帮助；而心理资本则突出你自己是什么定位和你以后想成为怎样的人，如乐观的人、坚强的人、对自己充满信心的人、永不放弃的人等。四是投资和盈利，可以利用某种方法进行准确的投资与发展，充分发挥其潜能，从而取得核心竞争优势，为企业盈利。

第二节　心理资本的构成

一　自我效能感

（一）自我效能感的概念界定

“自我效能”是一个人相信自己具备一定的能力可以实现某种工作的信心，这与他的能力无关，而是他对自己能否运用自身所掌握的才能去把工作做好的信心有关。① 如定义所示。

① Bandura A.，*Social Foundations of Thought and Action：A Social Cognitive Theory*，*Englewood Cliffs*，Prentice – Hall，1986.

第一，自我效能并非指个人对自己掌握的方法的数量大小，而是自己对于自身能否运用个人的才能来解决某项任务的信心。有才能和有能力把它们结合起来，并且表现出自己的能力，这二者之间存在巨大的鸿沟。即便是雇员具备完成工作所需要的技能，并且理解工作的过程，但如果不自信，自我怀疑自己的能力，也展现不出胜任行为。然而自我怀疑通常容易影响能力的发挥，即使个体天赋很高，倘使其自信心受到情境因素干扰，表现也会很糟糕。[①] 尤其是在任务繁重、充满竞争的行业。比如北京奥运会，中国代表团取得的优异成绩就是一个很好的例子，事实上，很多运动员都有机会拿到奖牌，如果他们在比赛中展现出足够的信心，那么他们的实力就会得到最好的证明，收获奖牌。而有的选手在赛前信心不足，未能充分发挥出自己的实力，从而错失了金牌。这充分表明，在奥运会的赛场上，影响运动员成绩的因素并非身体或技术上的差异，而是心理和认知能力的差异，充分体现了自我效能的重要性。

第二，自我效能仅与具体的工作范畴相关，而不是普遍的人格特质。由于工作范围的不同，对特定的能力要求也是不一样的，而且受实践经验、态度和工作岗位的限制，不同的雇员无法掌握全部的工作技能。即便有的人掌握了特殊的才能，要想顺利地完成工作，必须在特定的工作环境中把所掌握的技能充分结合起来，克服一切困难，这样才可能成功。所以，在不同的工作行业中，个人的自我效能存在显著的差异，而在某项工作领域中，拥有高水平自我效能的员工并不意味着在其他行业中的自我效能也达到了高水平。比如一个 HR 专家，他在人力方面的工作能力和工作经验都很丰富；但当他去网络信息技术部门去工

① Bandura A. , Jourden F. J. , "Self – regulatory Mechanisms Governing the Impact of Social Comparison on Complex Decision Making", *Journal of Personality and Social Psychology*, 1991 (10).

作，他却不知道该怎么做，因为他不知道该怎么做，这往往会导致他丧失信心，她的自我效能也会随之降低。所以，自我效能主要是指在特定的工作范围内所表现出的自我效能。①

（二）自我效能感的测量

自我效能的量化与所从事的工作所处的行业或工作自身的内容有关，而不是一个人对自己的能力进行直接的评价，它是一种自己对自身是否可以实现某种工作目标的评价。② 因此，自我效能衡量的不是个人掌握的技能数量，而是衡量个人在工作环境中运用自己的能力来完成某项工作的信心。③ 因为，其在不同任务领域的衡量结果是不相同的，所以若要测量自我效能感。首先，应确定所研究的具体任务领域，并没有一个相同的、一致的、适用于所有行业的量表去衡量自我效能的大小。其次，要明确特定的研究范围所包括的各种活动，并尽量将研究工作的各个方面包括在内，④ 而且，这些活动并不能全是简单的，需要上升到相应的难度范围。上述准则是衡量自我效能的必要条件，前面意味着行业是独特专一的，后者则意味着该行业需完善、具有整体性。过去对自我效能进行衡量包括了量纲和强度两个角度。这就要求受测人员对每个项目都要做出评价，决定自身是否可以完成该活动内容，如果答案是

---

① 惠青山：《中国职工心理资本内容结构及其与态度行为变量关系实证研究》，博士学位论文，暨南大学，2009 年。

② Bandura A.，"General Self – efficacy in Various Domains of Human Functioning：Evidence from Five Countries"，*International Journal of Psychology*，2005，40（2）.

③ Bandura A.，*Social Foundations of Thought and Action：A Social Cognitive Theory*，*Englewood Cliffs*，Prentice – Hall，1986.

④ Bandura A.，"General Self – efficacy in Various Domains of Human Functioning：Evidence from Five Countries"，*International Journal of Psychology*，2005，40.

“是”，那么他们进一步衡量自己完成这种活动的信心。直至20世纪90年代末，研究者发现用具备单一性与多层次性的Likert表来衡量自己的工作能力也是一样的，这是一种直接的需求，它要求受测人员对自己能够完成该计划所描述的工作的信心，认为自己达不到活动要求的被试者不可能对完成活动有太大信心。所以，目前的研究人员往往采用Likert量表来衡量自己的效能，并且大多的样式为十点量表。[①]

（三）自我效能感的影响因素和影响效果

在企业和组织活动的相关研究中，有许多学者探讨了以下因素对个人绩效的影响。包括前期表现、能力观或目标定向、目标设置、文化因素、反馈方式、领导行为、知觉到的可控制性、情绪特征、组织成员特征、“内外控”人格特质、人口学特征变量等。影响自我效能的因素包含：业绩、表现、态度、压力，以下将探讨这些因素与自我效能之间的关系。

第一，自我效能与业绩。目前，有关两者关系的研究已经有很多。有的学者通过搜集相关文献，有的学者通过实际案例进行验证，但这些结果的分析都显示，自我效能是衡量雇员业绩的最佳方法。自我效能高的员工可以改善其工作表现，提高其工作业绩，低水平的自我效能感则给绩效带来负面影响。一般来说，个人的工作表现比较好，收入也比较高，在公司里有更大的发展空间。但是，那些自我效能低的人，由于他们的工作表现不佳，所以他们得到的薪水也就比较少，升职的机会也比较小。因此，拥有高效能的人员更容易被企业认可，对工作更满意，更

---

① 惠青山：《中国职工心理资本内容结构及其与态度行为变量关系实证研究》，博士学位论文，暨南大学，2009年。

愿意继续待在企业，不愿意离职。

第二，自我效能感与自身压力。生物在适应自己的生存环境时，由于所需要适应环境的才能和本身所具备的才能，两者之间呈现不均衡的状态而导致的生理上的压力，这被叫作应激。职业性应激或工作应激被认为由工作及与工作有关的因素引致。长期慢性的职业紧张会恶化员工心理健康水平，导致各种精神方面的疾病。结果表明，在工作环境中，自我效能是影响工作压力的重要因素，且与工作压力显著负相关，也就意味着自我效能越高其所感受到的工作压力越小，自我效能越低的员工其所感受到的工作压力越大。这是因为高自我效能的员工乐于通过问题定向制定策略，善于寻求各种方法适应应激或消除应激，态度积极向上。而自我效能感低的个体则乐于通过情绪定向制定策略，面临紧张源与刺激源时，产生紧张情绪，束手无策，进而消极应对。因此，与采用情感导向的员工相比，采用问题导向的个人对压力的适应性更好。①

二　希望

（一）希望的内涵

"希望"可以被界定为"一组关于美好的状况或事情的期望和描述，一种能使自己得到改善或摆脱困境的感受"。这个期望不能建立在特定的实际目的和特定的事情上。因此，"希望是一种基于彼此间的联系，是一种心理和情感的满足，一种解决一些事情的能力，一种思考生命的

① 惠青山：《中国职工心理资本内容结构及其与态度行为变量关系实证研究》，博士学位论文，暨南大学，2009 年。

价值，一种认为每个人都有无穷可能的观点。"

Snyder 等[①]提出了关于希望的最新定义与模型。该模型指出，孩子或成年人的生命是以一个目标为基础的，这个关于这个目标的概念可以分为两个方面，即意志和道路（Agency and Pathway）。意志是一套信仰体系，它能激发个人行为，并使个人顺着规定的道路，为自己的目的而奋斗。道路是一群人在寻求一种行之有效的途径时，能够实现自己想要达到的目的。希望必不可少的组成部分包含意愿的引发和支持系统、路径的设计和改善系统。因此，Snyder 等认为，希望是指"一种基于内心对成功感觉的正面激励状态，包含了一种有目的性的定向的能量，即意志和道路，也就是一种实现自身目的的方法和方案"[②]。

（二）希望理论

Snyder 等所提出的希望理论模型其影响因素主要有以下几个方面。第一，目标。目标是人们心中所想或需要的一切体验、事物或者成果。[③]目标，既能是具体、突出的事物，也能是内心的向往。例如，我想拥有一双鞋，这就是一个具体的目标；而且当目标具体时，也会比较容易去实现。但是，目标偶尔也会以模棱两可的方式进入人类的大脑意识中，比如我们想要自己更加开心，那么我们应先划定目标范围，观察其与哪一方面的开心有关。假如与人际关系方面相关，那么考虑如何改善自己

---

① Snyder C. R. , Hoza B. , Pelh am W. F. et al. , "The Development and Validation of the Children is Hope Scale", *Journal of Pediatric Psychology*, 1997, 22 (3) .

② 惠青山：《中国职工心理资本内容结构及其与态度行为变量关系实证研究》，博士学位论文，暨南大学，2009 年。

③ Snyder C. R. , *The Psychology of Hope: You Can Get There from Gere*, New York: Free Press, 1994.

的人际关系，发现不开心的要素，增加开心的可能与来源，通过多种改善的办法和策略来实现让自己开心的目标。与此同时，在拥有更加开心的人际关系的大目标下，通常潜藏着许多值得奋斗的细节部分，这些细节体的集合通常组成一个小目标，在实现这些小目标的过程中，有许多方法，每一种方法所对应的目标结果就不同。综上所述，可以将一个事情的大目标进行简单分割，比如主目标和次目标，每一种目标所对应的潜在的个体动机不一样；人们想方设法去达到目标的意志力和手段也会不一样，因此在思考如何实现目标时，就应该提前确立一个清晰可观的具体目标，便可以节约很多搜寻的时间，如果没有事先确定好具体的目标，达到这一目标的过程中我们就会浪费一些额外的个人经历和不必要的相关成本，而后才能根据目标难度想出办法分割目标，更加清楚容易地追求目标。①

第二，方法。方法这一因素通常在主观上受人们的心理因素的影响，往往是人们事先内心形成的一种大体框架，在具体的目标实施方案产生之前往往会有多种方法或者渠道去达成这一目标。②

通俗地讲，如果想要达到一个具体的客观的计划目标时，一方面需要我们自己内心意志力的鼓动；另一方面则需要正确的方法来指导我们，以达到事半功倍的效果。在追求目标的过程中，如果我们能够使用较多的方法，那么就会有更多的机会实现目标，当然希望也就会更多。反之，如果我们将实现目标的方法只局限于一种，在这一过程中倘若遇到困难就会使人寸步难行，面对困难时抗压能力较小。因此，可以将实

---

① 惠青山：《中国职工心理资本内容结构及其与态度行为变量关系实证研究》，博士学位论文，暨南大学，2009 年。

② Snyder C. R.，*The Psychology of Hope*：*You Can Get There from Gere*，New York：Free Press，1994.

现目标的多种方法的可能性经过对比和参照，选择最优的一种方法，同时应该准备几种保守的方法以预备随时随地可能出现的风险和隐患。所以，当我们打算追求目标时，方法与途径能够被多种多样地替代显得十分关键。

第三，意志力。意志力和方法一样也源于人们的心理作用，当我们已经有了清晰、明确、客观的目标时，就应该意志坚定朝着这一目标不断努力和迈进。[①] 换句话讲，当我们从容面对目标时，就应该毫不动摇地保持前进的动力，使压力变为动力以支持目标达成和实现。但是我们的意志力并不能每时每刻保持相同的热度，它来源于我们原本所具备的知识，当我们面对困难时，它就会通过一番衡量而使内心产生战胜困难的能力，大部分能克服阻碍的人意志力都较为坚强。Snyder 等[②]也经过一系列研究后指出，如果能够将心理正能量锁定在目标实现这一过程中，将会在很大程度上对目标实现起积极的导向作用。

如果已经有了确切的具体目标，只缺乏意志力这一项因素，那么在实现目标的过程中也会出现荆棘坎坷，由此可见，具备坚定的意志力十分重要。展望人生过去的路程，我们不难发现，成功的经验和教训往往会提高个人的心理意志力，此外，也可以人为创造健康安全的环境，为目标实现营造一种正向的积极氛围，以此来提高目标实现的可能性和概率性。

通过理解希望理论所包含的三个意义，我们可以清楚地知道在实现目标的过程中，必须有意志力这一因素作为坚强支撑，才能使实现目标

---

① Snyder C. R. , *The Psychology of Hope*: *You Can Get There from Gere*, New York: Free Press, 1994.

② Snyder C. R. , Hoza B. , Pelh am, W. F. , et al. , "The Development and Validation of the Children is Hope Scale", *Journal of Pediatric Psychology*, 1997, 22 (3) .

的主观个体有向前的动力。如果目标个体在达到目标的过程中遇到困难，必须通过其他方法或者渠道将目标过程中的困难得以解决；如果不这样做，就会使个体在追求目标的过程中出现半途而废功亏一篑的现象。所以，希望理论所倡导的具体内涵或者意义都存在一定的方向性或者指导性，主观个体在追求目标的过程中必须遵循客观的固定规律。①

三 乐观

（一）乐观的定义

牛津字典中对乐观（Optimism）的定义是相信事情最后会有好结果，对其相关阐释主要从积极乐观的角度去看待目前正在发生的事情，并且始终对事情可能发生的结果保有积极、端正的心态。Snyder 和 Lopez② 指出，乐观是以理性的态度和积极的情绪坦然接受当前的挫折。Scheier 和 Carver③ 则表明，乐观即认为并期盼会出现好事情，或是对事情结果的正面性及可能性充满信心。综上所述，我们可以认为，乐观作为一种积极向上的思维，会在目标个体面临一系列事情时主动引导其从正向积极的角度去看待事情，使主观个体对未来可能发生的事情充满希望和信心。

---

① 惠青山：《中国职工心理资本内容结构及其与态度行为变量关系实证研究》，博士学位论文，暨南大学，2009 年。

② Snyder C. R. , Lopez S. J. , *Handbook of Positive*, UK：Oxford University Press，2002.

③ Scheier M. F. , Carver C. S. , "Dispositional Optimism and Physical Well – being：The Influence of Generalized Outcome Expectancies on Health", *Journal of Personality*，1987.

（二）乐观的性质

就乐观的性质而言，学者观点并不一致。有学者认为，乐观是一种能够通过外在环境学习而具备的特质。也有学者认为，乐观是一种认知的偏误，它会使个体忽略负向信息，而只注重对正向信息的接收。但值得注意的是，这种错误的倾向通常是由人们自己的心理情绪来进行解释和诠释的，受目标个体的主观意识和心理状态干扰和影响。然而，如果目标个体在对待这一件事情上一直都保有积极乐观的心态，那么就不需要如此大费周章。自我调节理论研究提出，乐观心态从本质上来说，其实是一个个体自信心的不断循环，心态乐观者往往能够达到事情所预期的效果。综合上述学者观点，我们发现乐观可以是一种态度、信念、倾向与人格特质。

（三）乐观者的特质

如果从大局考虑，乐观者在对待某一件事情时往往具有以下特征。第一，对未来抱有乐观心态。乐观者可以通过不同角度看待事物，对实现目标自信较大，并对未来可能发生的事情的结果进行一切综合考量。

第二，拥有正向认知意识。对于可能发生的负面事件，乐观者会通过改变外在客观环境和消除不稳定的影响因素进一步达到解释负面事件的目的，使负面事件在考量中达到稳定普遍的事情范围内。

第三，直面困难和挫折。对待眼前所产生的挫折和困境，乐观者通常会以积极正向的心态去对待，同时仍然对可能发生的所有事情保有一切信心和希望。乐观的人在遭遇挫折时也不会绝望，会认真思考如何解决问题，并把失败归因于暂时的因素，把成功归因于长期努力的结果。

第四，在困境中仍有积极心态。当遇到真正的挫折和难题时，乐观者通常会以冷静的心态去改变或制订相应的应对方案。Scheier 和 Carver[①] 通过相关研究证明，如果个体在对待目标事情上一直保有乐观的心态，那么这个客观主体将会在未来的工作和生活中比悲观者更顺利和坦荡。Seligman[②] 认为，乐观的人即使受挫也不会感到绝望，会思索如何解决当下的问题。

第五，解决问题方案适中。在随机应变过程中，乐观者往往能够在所有的方法和策略中选择一种适当的最优策略，不会在完成不了的事物上花费太多精力和时间，他们通过这种因应方式能掌控生活与工作中的压力事件。

综上所述，乐观主体通常会对将来可能发生的所有事情的结果进行恰当的预估，如果遇到消极问题或挫折也能以冷静的心态去面对和处理，行为上则展现出积极的一面，因此一般在处理情绪及事务时也较为恰当，身心较为健康，人际关系较为良好。

（四）乐观理论

第一，自我调节理论（Self – regulation Theory）。这一理论的问世和发展是建立在期望价值理论的基础之上，期望价值理论指出某一行为通常都是客观主体为了追求或者达到某一目标而伴随出现的本能反应，所谓的期望指的就是目标主体为达到真正的目标价值对自我进行的审视。

① Scheier M. F. , Carver, C. S. , "Optimism, Coping, and Health: Assessment and Implications of Generalized Outcome Expectancies", *Health Psychology: Official Journal of the Division of Health Psychology*, American Psychological Association, 1987.

② Seligman M. , *Learned Optimism: How to Change Your Mind and Your Life*, New York: Pocket Books, 1998.

而在期望价值理论的基础上发展起来的自我调节理论，其目的主要是当行为人发出一系列行为时能够确切地预测当前这一行为会对未来产生什么影响。与此同时，客观主体也会审视行为和目标是否处于同一水平，如果在同一水平就会持续进行一系列行为发生来达到目标效果；反之则及时止损。调整后的行为会比较符合提前设定的参照价值与目标，一个新的知觉过程便会随即出现，再不断循环往复。

在自我调节理论中，比较机制包括积极与消极情感、自信与怀疑两种形式，假如个体凭借超出需求的速度向目标迈进，积极情感便油然而生。如果个体迈向目标的速度极慢，那么负面影响因素就会出现，尽管在当前这一困境下目标主体仍然需要不断向前迈进。此处的参照价值与目标既可以是自己设立的，也可以是对未来的预期。自信与怀疑也会影响行为结果。假若个体对未来的成功充满信心与期望，便会努力朝目标迈进。反之，假若过于自我怀疑，便会出现逃避与不作为。

第二，解释风格理论（Explanatory Style Theory）。所谓的解释风格指的就是目标个体通常会将在自己身上发生的消极或负面事件以习惯解释的方式向他人展示出来，基本上可以反映当目标个体遇到困难时的各种心态。这一理论是在习得性无助理论的基础上成立的，主要通过三个维度来体现，分别是普遍和特殊、内在和外在、稳定和不稳定。Seligman[①] 发现，乐观的解释风格是个体通常将目标事件所产生的消极影响或负面影响归咎为客观环境所引起的，这一客观环境影响因素是独立存在且非长期存续，并不会延伸到生活的其他方面。乐观者对正向事件进行解释时，会更意向内在、稳定、普遍性的归因；对于负向事件，会更

① Seligman M. , *Learned Optimism: How to Change Your Mind and Your Life*, New York: Pocket Books, 1998.

意向外在、不稳定、特定性的归因。通俗地讲，一个目标个体如果在行为处事方面具备乐观向上的积极心态，那么这一目标个体在以后处理所有的事情中都会从主观上认为所有的结果都是源于自己的不懈坚持和奋斗，非常自信地认为负面事件的发生只是短暂的、特殊的、偶尔的，且将其归咎于外部因素。[①]

四 韧性

（一）韧性概念的界定

众多学者认为韧性是一种稳定的人格特质，抑或是一种使个体免予因面对困境和遇到阻碍时，而致使其消极发展结果的能力。这种较为悲观的观点，体现了个体倘若不具备这种人格特质，就必然会产生不良的发展结果，所以没有必要与意义对此干预。对韧性的理解和探索历经三十余年，近年来一些研究者将韧性当成一种动态的过程，即危险因素与保护性因素之间的抗衡对韧性状态的实现起决定性作用。Masten、Best和Garmezy[②]从客观上阐释了三种不同的具有韧性的生物群体，并在此基础上对韧性进行了界定和划分。第一类，韧性是指战胜困难获得良好发展的高危险群体，这一种类通常自发地认为韧性是生物群体自身的内部所独有的；第二类，这一类的韧性指的是对群体生活毫无压力的相关个体（如家庭条件艰难、双亲离异等）；第三类，韧性是指个体经历创伤之后，恢复了良好状态。美国心理学会把目标个体在生活中对所遇到

---

① 惠青山：《中国职工心理资本内容结构及其与态度行为变量关系实证研究》，博士学位论文，暨南大学，2009年。

② Masten, A. S., Best, K. M. and Garmezy, N., "Resilience and Development: Contributions from the Study of Children Who Overcome Adversity", *Development and Psychopathology*, 1990 (2).

的工作压力、感情创伤、生活悲剧、相关威胁、困境逆境能够很好地适应和协调定义为韧性，也间接反映了个体在面对消极事件时所具有的心理弹性。2004 年的《人格和社会心理学杂志》[①] 提出，韧性是面对失去、挫折或者逆境时的有效处理和适应能力。

（二）韧性的测量工具

相关研究者在对韧性的测量方面各有观点，而大家一致认为测量韧性的主要工具是通过量表进行的。例如，Wagnild 和 Young 的量表、Block 和 Kremen 的量表、Connor 和 Davidson 的量表。Wagnild 和 Young 的量表属于应用最广泛的一种测量工具，访谈成功将重大挫折的被试者作为其题目来源，通常与个人的日常生活和工作学习具有高度相关性，好比个人能力、接纳自我两种生活中的生存生活能力。而权威性较高的属于 Block 和 Kremen 的韧性量表，且其具有选题简单的特性，唯一值得继续使用的理由就是其可以与其他量表一同使用，而反观 Connor 和 Davidson 的韧性量表，其已经在医学领域得到了不断的运用和普及。[②]

（三）韧性的理论模型

1. Garmezy 的理论模型

Garmezy 于 1985 年发展出三种理论模型，分别为补偿模型、预防模型和保护因素模型。就拿补偿模型来说，这一模型里面存在的危险因素

---

① Tugade M. M., Fredrickson B. L., "Resilient Individuals Use Positive Emotions to Bounce back from Negative Emotional Experiences", *Journal of Personality and Social Psychology*, 2004, 86 (2).

② 惠青山：《中国职工心理资本内容结构及其与态度行为变量关系实证研究》，博士学位论文，暨南大学，2009 年。

和保护因素并没有关联，但不可忽视的是，这二者因素都会对结果产生相关影响；而在预防模型中，假如危险因素对事情结果的影响较小，那么就会被作为一种潜在的因素来助力成功，若目标事情处于正常情况下而产生的压力则被视为目标个体的一种挑战，但是所具有的挑战完全对是对目标个体的一种心理能力的预测，这种挑战在关系上通常与目标个体所能承受的心理能力之间保有曲线相关关系；在保护因素模型中，目标事件所产生的消极后果对危险因素和保护因素来说所能产生的交互作用通常非常少。因此，保护性因素在很大程度上对目标事件的发生结果具有一定的调节作用，保护性因素也会对事件行为产生的后果具有一定的决定性影响，如果危险因素及时出现则这种作用会大大加强。以上三种模型虽有差异，但都是从保护因素和危险因素二者角度出发对事情产生的结果进行了很好的预测，这些模型理论已经在许多行业进行了广泛的应用。

2. Rutter 的发展模型

Rutter 在 1990 年归纳总结许多经验性研究文献之后，在广泛搜集的基础上提出了四种相关机制，分别是危机因素冲击的减缓、负向连锁反应的减缓、帮助个体实现自我效能与尊重、把握机会。而每一种相关机制的具体表现主要如下所示，危机因素冲击的减缓，主要是通过改变个体对危险因素的潜在认知来减少对危险因素的不经意间的接触；负向连锁反应的减缓，主要是一种潜在的逃避意识来应对不必要的危险因素的出现而产生的连锁反应；帮助个体自我效能与尊重，主要是在儿童时期帮助儿童梳理到较强的自信心和自尊心；把握机会，主要是通过合法的手段或者渠道为自我个体在生命中的重要时刻创造重要的机会，以此来实现目标个体所要达到的效果。

3. 韧性的层次模型

韧性在一定程度上具备不同的层次性，但是并不属于一种理想状态下的完美意义，主要是在个体面临困境时提供一种适应性的方案，Hunter在进行相关访谈研究时提出，每一次的研究和实验并不一定要将目光锁定到成功人士群体，反而可以将调查群体固定到一些普普通通的社会人士。例如可以以职校学生为例大体可以分为三类：第一类，不与他人交往的学生；第二类，离群独处的学生；第三类，团体关系淡薄的学生。

以上所描述的职校的三类学生都为消极状态下所产生的一系列行为表现，然而与前述所论及的韧性相关因素并没有直接的关联。Hunter对这一关系也进行了深刻的反思和分析，才得到了现有的层次模型。任性的最低一层在客观意义上来说只具备生存的能力，人们通常借助消极的情绪来进行自我保护；而层次模型的中层，我们个体来说通常在事情发生时会保有一些防御意识，所产生的自然而然与他人拒绝接触或不喜欢与他人进行交流的人都会有这种表现；层次模型的高层，对于社会大众来说才真正具有健康、成长、生活的意义，这些目标个体通常愿意对自己的生活进行自我协调和净化达到科学处理问题的境界，前两个层次会给人难以适应社会的心理，甚至出现心理障碍。

4. 韧性的过程模型

Richardson在2002年提出的过程模型，从瓦解与重新整合、意识与无意识选择的角度来看待韧性。此模型一经广泛使用就提出，目标个体如果在生活中面临许多日常刺激，就会使周围的保护性因素发动自身作用来抵抗生活中所产生的各种刺激。假若生活中的自我压力过于强大而无法依靠个体发挥主观能动性来解决，那么此刻个体就需要及时改变已有的认知方法和策略，并且同时有意识地将各种资源进行重新整合和利用，以期达到想要的结果。第一，平衡状态达到更高水平，即个体的韧性增强；第二，回到原始平衡状态，由于个体为了获得短暂的心理安逸而不愿去作出改变，从而失去了成长的机会；第三，丧失平衡状态达到更低层次，个体被迫放弃生活中的追求；第四，伴随功能紊乱，状态出现失衡，此时个体应对生活压力，就会在日常生活中下意识地出现一些不健康的生活方式。该过程模型的提出主要是为了告诫普通大众在进行相关方案选择时必须与“复原”状态联系起来。

第三节　心理资本的测量

在对心理资本维度的探讨中，研究者一方面对心理资本维度进行了探讨，另一方面也对心理资本评价量表进行了不同程度的开发。在所有量表中，只有 Luthans 的信效度较高，其余相关量表的信效度仍须进行后续检验和不断提高。在国内研究进程中，柯江林等开发的心理资本量表在理论上和实践上都有较好的深度与效度，值得关注的是，这些量表对企业员工在工作绩效方面的保护具有较强的解释能力。Luthans 等开发的心理资本问卷（PCQ－24）是当前相对完善的测量量表。经国内外研究者多次实证检验，PCQ 的测量学指标都得到了证明。这一问卷的选题主要由 24 个客观题组成，涉及目标个体主观意识的方方面面；国内学者柯江林等①开发的本土心理资本量表，主要涉及人际型心理资本和事

① 柯江林、孙健敏、李永瑞：《心理资本：本土量表的开发及中西比较》，《心理学报》2009 年第 9 期。

务型心理资本，其中人际型心理资本在人的主观意识心理方面涉及得较多。而事务型心理资本主要聚焦的是目标个体在工作事业中的相关心理态度，对二者之间的调查和研究主要选择了40个客观题，最终的结果以Likert 6点计分的形式呈现，"1"代表十分不同意，"6"代表十分同意。研究表明，与Luthans等开发的心理资本量表相比，本土心理资本量表的信效度更高。

根据当前研究显示，国内外研究者已经开始关注心理资本的结构，主要原因是不同的学者对心理资本的含义有不同的理解和阐释，即使在学术界也很难对心理资本的影响因素进行完整的标准界定。比如Goldsmith等①在分析人力资本与心理资本对员工工资影响的研究中，明确强调自尊和控制点是影响心理资本的两大因素。Luthans和Youssef②于2004年在比较人力资本、社会资本和积极心理资本管理的研究中，更是对心理资本所本该就有的思维模型进行了准确界定，分别是自信、希望、乐观、坚韧。另外，惠青山③在2009年研究发现，在中国工作的员工通常在心理资本方面也展现出四个维度，分别是自信、乐观、希望和冷静，其中冷静指个体即使面对外界的不良刺激，也能在工作中维持平静的心情。柯江林等④将人际型心理资本和事务型心理资本归结为心理资本的主要划分派别，在此研究基础上总结出了心理资本学领域所存在

① Goldsmith A., Veum J. R., Darity W., "The Impact of Psychological and Human Capital on Wages", *Economic Inquiry*, 1997, 35 (4).

② Luthans F., Youssef C. M., "Human, Social, and Now Positive Psychological Capital Management: Investing in People for Competitive Advantage", *Organizational Dynamics*, 2004, (33).

③ 惠青山：《中国职工心理资本内容结构及其与态度行为变量关系实证研究》，博士学位论文，暨南大学，2009年。

④ 柯江林、孙健敏、李永瑞：《心理资本：本土量表的开发及中西比较》，《心理学报》2009年第9期。

的二阶八因素相关模型，该模型在日后的相关研究领域中曾得到了广泛的应用和创新改造。从标准的心理学理论来看，积极组织行为学和积极心理学作为心理资本理论的概论基础，心理资本学同样可以吸收二者之间的积极因素和各种积极影响，这为心理资本多维说提供了研究依据。

第四节 心理资本的影响因素

当前学者对影响心理资本的因子的探讨较少。王雁飞和朱瑜[1]认为，目前心理资本的研究还处在初级阶段，研究者的注意力集中在结构和造成的效果上。此外，造成心理资本形成的因素很多，除了个人的生理和心理特征，还包括个人所处的环境，不同的因子不但具有不同的类型，其影响的范围也存在很大的不同；但由于各因子间存在复杂的相互影响，使得本课题的研究具有一定的困难。从学者的研究成果中可以看出，心理资本受以下几个方面的影响。第一，经济状况。心理资本是指个体内心固有的心理特征，个体的潜力受经济状况的影响较小。第二，身体的状况，正向心理学经过实践验证发现，拥有健康、强壮的身体和一个平稳心态的个体更有助于增加自身的信心，让他对自己的前途充满信心并乐观应对一切苦难。第三，美好的婚姻状况，家庭成员和亲戚之间的关系，也会对个人是否感到幸福有很大的影响，特别是对个人的毅力和希望的培养。第四，在社会和文化上，Luthans 和 Youssef[2] 认为，

---

① 王雁飞、朱瑜：《心理资本理论与相关研究进展》，《外国经济与管理》2007 年第 5 期。

② Luthans F. , Youssef C. M. , "Human, Social, and Now Positive Psychological Capital Management: Investing in People for Competitive Advantage", *Organizational Dynamics*, 2004 (33) .

在提倡个人主义的情况下，人们对心理资本投入更多的关注。第五，个人统计因素的作用，Snyder 和 Lopez[①] 指出，个人的文化程度和生活经验都会对心理资本产生强有力的影响，拥有高文化程度的人类易于产生较高的期望和乐观情绪。另外，也有研究表明，持续不断地增强自身能力的个体，其身体的忍耐程度与其从困难和痛苦中的恢复能力有着很大的关系。正面心理学的研究表明，有良好的学习氛围，包括来自外界的支持和来自同事的帮助，都能提升人们的期望值。

Scheier 和 Carver[②] 相信，当一个人面对一个问题的时候，如果有一个隐藏的解决方案，那么他就会变得更积极向上。唐强[③]的经验分析表明，周边环境的助力、任务的挑战性与自身增强都与个人的心理资本有显著的正向相关性。个人的心理资本状况对个人的综合素质没有太大的影响。

第五节 心理资本的影响效应

一 直接效应模型

通过对公司的实证分析，发现自我效能、对未来抱有信心、良好心态、坚持不懈等因素对员工的工作业绩和工作表现有正面的影响。大量的研究表明，心理资本是企业的核心价值源泉，是企业获得优势地位、

① Snyder C. R.，Lopez S. J.，*Handbook of Positive*，UK：Oxford University Press，2002.

② Scheier M. F.，Carver C. S.，"Dispositional Optimism and Physical Well - being：The Influence of Generalized Outcome Expectancies on Health"，Journal *of Personality*，1987（55）.

③ 唐强：《企业员工心理资本结构维度及其因果关系的初步验证》，硕士学位论文，浙江大学，2008 年。

促进企业不断发展与前进的关键因素。Luthans 和 Youssef[①] 发现，某资源能否构成竞争优势的衡量指标，包括持久性，即企业所拥有的资源是否具备长期竞争优势，以及持久的活力，而不是十分短暂的；独特性，要保证该资源是企业内部唯一的；可持续性，这种资源能持续提高企业的核心竞争力；互联性，是指各个要素之间的协同作用，从而形成整体优势，保证企业的领先地位；可更新性，是指可以持续地更新换代并不断完善。经济资本只在可持续性上的优势明显，在其他性质方面不具备显著效果。人力资本和经济资本的优势方面相类似。而社会资本在独特性、可持续性和互联性这三个层面上具备显著优势，但它并不持久且更新换代效果差。只有心理资本均具备以上五个性能优势，且效果显著。因此，心理资本在企业相互对抗中的作用是非常显著的。

研究经济学的学者 Goldsmith 等[②]研究心理资本如何直接或间接对雇员的薪酬造成影响，指出雇员的心理资本与他们的产出效率和薪酬明显正相关。而且心理资本对雇员薪酬的作用大于员工的人力资本，同时，心理资本与雇员薪酬的关系也是不同的。Judge[③] 相信，在员工自我评价中，心理资本可以对 20%—30% 的雇员的自我评价表现产生影响。通过对员工在工作中的活动、企业的允诺及对员工工作的满意情况进行分析，发现其与员工自身的信心、开心程度、复原能力等因素相关，并且各因素之间显著正相关，所以需要用全面的指标进行衡量。Larson 和

① Luthans F., Youssef C. M., "Human, Social, and Now Positive Psychological Capital Management: Investing in People for Compitive Advantage", *Organizational Dynamics*, 2004 (33).

② Goldsmith A., Veum J. R., Darity W., "The Impact of Psychological and Human Capital on Wages", *Economic Inquiry*, 1997, 35 (4).

③ Judge, T. A., "Relationship of Core Self-evaluations Traits-self-esteem, Generalized Self-efficacy, Locus of Control, and Emotional Stability——With Job Satisfaction and Job Performance", *Journal of Applied Psychology*, 2001 (86).

Luthans[1] 还考察了雇员的心理资本与其对待工作持有怎样的态度这两者之间的关系。结果表明，雇员的心理资本与其工作态度、组织承诺显著正相关，另外，员工心理资本对工作态度的影响，相较于人力资本和社会资本，则更加显著。员工的心理资本与辞职的意愿程度为反比例关系，也就是说，正向的心理资本程度越低，其离职的可能性就越大。

2006 年，美国内布拉斯加大学林肯分校的盖洛普领导研究所（Gallup Leadership Institute）的研究表明，心理资本与雇员的业绩和对工作的满意程度具有明显的正向关系，并且可以通过对其进行有关心理的培训来改善其工作表现、提升员工业绩。Luthans 等[2]通过对中国公司雇员的调查发现，在心理资本方面，可以获得 270% 的投资回报。他们运用发展的精神资本（包括信心、开心和复原三种），以中国公司雇员为例，探讨了心理资本与员工业绩之间的关系，其中员工绩效指上司的评估和薪酬，得出两者明显呈正向关系。Luthans 和 Jensen[3] 通过对护理人员的心理资本与工作表现的相关性分析，发现其与继续留下来工作的意愿、对企业发展目标和相关任务的允诺存在着明显的正向影响。Luthans 等[4]在 2006 年的研究表明，管理人员的心理资本和雇员对管理者的诚实感之间存在显著的正向关系。我国的研究专家仲理峰[5]指出，员工的信心、开

---

① Larson M.，Luthans F.，"Potential Added Value of Psychological Capital in Predicting Work Attitudes"，*Journal of Leadership and Organizational Studies*，*Behavior*，2006，13（2）.

② Luthans F. B.，Avolio B. J.，Walumbwa F. O.，et al.，"The Psychological Capital of Chinese Workers：Exploring the Relationship with Performance"，*Management and Organization Review*，2005，1（2）.

③ Luthans K. W.，Jensen S. M.，"The Linkage between Psychological Capital and Commitment to Organizational Mission"，*Journal of Nursing Administration*，2005，35（6）.

④ Luthans F. B.，Avolio B. J.，Walumbwa F. O.，et al.，"The Psychological Capital of Chinese Workers：Exploring the Relationship with Performance"，*Management and Organization Review*，2005，1（2）.

⑤ 仲理峰：《心理资本对员工的工作绩效 、组织承诺及组织公民行为的影响》，《心理学报》2007 年第 2 期。

心、坚持不懈的精神资本，对员工的业绩表现、企业允诺和企业员工的活动都有积极的影响。

Luthans 和 Youssef① 的研究结果表明，拥有正面的心理资本可以使个人获得更高的个人业绩和企业业绩，而心理资本则是仅次于人力和社会资本的第三大有关人员方面的资源。通过对个人和企业前进方向的研究，我们可以看到，心理资本与个人在企业中的活动、看法、业绩以及个人的心理与生理健康有着密切的联系，可以促使个人努力地朝着这些方向发展。下面细致的研究可以从这些方面来了解。

（一）心理资本与个体心理和情感的关系

根据心理资本的定义和学说，认为其是一种可以促进个体正向发展的心理素质，是一种奋发向上的状态，会加速个人对正向情绪的感受。国内外有关的研究也证实了这一观点。首先，心理资本对个人的心理状况有一定的影响。Luthans 和 Jensen② 以某个医院的护理人员为例，通过对其心理活动和心理方面的资本进行分析，研究显示心理资本对其继续留下来工作的意愿、对医院的认同度、允诺等具有正向且显著的作用。Avey 等③研究企业员工的心理资本和迟到早退、无故不上班两者之间的关系，研究结果表明，雇员的自发性的不上班行为均可通过其总体心理资本和其各个方向的因素来预估。基于 Avey 等④的研究，表明雇员的工

① Luthans F., Youssef C. M., "Human, Social, and Now Positive Psychological Capital Management: Investing in People for Compitive Advantage", *Organizational Dynamics*, 2004 (33).

② Luthans K. W., Jensen S. M., "The Linkage between Psychological Capital and Commitment to Organizational Mission", *Journal of Nursing Administration*, 2005, 35 (6).

③ Avey J. B., Patera J. L., West B. J., "The Implications of Positive Psychological Capital on Employee Absenteeism", *Journal of Leadership & Organizational Studies*, 2006, 13 (2).

④ Avey James B., Wemsing Tara S., Luthans Fred, "Can Positive Employees Help Positive Organizational Change?", *Journal of Applied Behavioral Science*, 2008, 44 (1).

作态度和组织行为能被他们表现出来的积极的心理资本显著地预测，并且心理资本起到了积极的影响作用。

其次，心理资本对员工的工作满意度、工作压力感、主观幸福感以及其他的情感变量等都有着不同程度的影响。惠青山和凌文辁①提出，雇员对工作的满足程度与心理资本之间存在明显的正比例关系，且前者可以通过后者进行预测，其预测结果也是正向的。通过对体力人才市场的定位、快乐感觉、失去工作和心理资本之间的联系进行分析，发现心理资本对雇员的自发的快乐感有积极的影响，而雇员的心理资本可以在其失去工作的时候明显调节他们的情绪，使其产生快乐的感觉，对其产生显著的影响。在其另一份调查报告中显示，失去工作对个人的自发快乐感和重新被雇佣的行为具有负向的作用；但是，在这种负面的影响下，心理资本的某些中间作用是，心理资本水平低的人所面临的失去工作的机会越大，而心理资本越高的人其工作越稳定，越不容易失业。Avey 等②通过对释放工作压力、辞职倾向、寻找新工作活动和心理资本的相关性进行了分析，发现心理资本可以明显积极地预估员工释放工作压力和辞职倾向。他们的另一项研究也表示说明，对长时间的主观幸福感存在而言，员工的心理资本具有显著的正向预测作用。

（二）心理资本与组织行为和工作绩效的关系

心理资本是一个人所具有的一系列正面心态的结合体，它能促进一个人在企业中的正向的行为，因而可以加快个体和组织的绩效的提高，

① 惠青山、凌文辁：《直接奖罚法》，《企业管理》2008 年第 5 期。

② Avey J. B.，Luthans F.，Jensen S. M.，“Psychological Capital：A Positive Resource for Combating Employee Stress and Turnover”，*Human Resource Management*，2009，48（5）.

在有关的研究中主要有以下几点。第一，心理资本可以影响个人在企业中的行为活动、做出利于别人的动作以及人际关系。仲理峰①提出，雇员的心理资本对于个人或团体所提出的企业行为活动均有明显的正向影响。通过对惠青山和凌文辁②等的调查，我们发现了雇员的心理资本。具有明显的正向预测作用对员工的利单位行为、利同事行为、人际和谐等。

第二，心理资本可以对个人和企业的业绩产生不同的作用，Goldsmith 等③的研究结果表明，雇员的心理资本可以很棒地预估个人的工作收入，而心理资本对员工的高生产率、高报酬有积极的预测作用，且它产生的正向作用比人力资本对员工业绩和薪酬的影响更大。Luthans 等④以中国公司雇员为研究对象，考察了其心理资本与业绩之间的关系，发现其在各方面均具有显著的正相关性，并且前者可以显著地对后者进行预估。仲理峰⑤在此基础上，探讨了企业允诺、企业活动、工作业绩与雇员的心理资本之间的关系，研究结论也显示，员工的心理资本对他们的工作绩效有着显著的积极预估作用。

第三，心理资本还能显著地促进企业进行创新活动，实现创新方面的发展。通过对中国公司的管理者和雇员进行实证分析，发现员工的期望、开心和坚持这三项正向心理因素对员工的业绩、企业的允诺、企业

---

① 仲理峰：《心理资本对员工的工作绩效、组织承诺及组织公民行为的影响》，《心理学报》2007 年第 2 期。

② 惠青山、凌文辁：《直接奖罚法》，《企业管理》2008 年第 5 期。

③ Goldsmith A. , Veum J. R. , Darity W. , "The Impact of Psychological and Human Capital on Wages", *Economic Inquiry*, 1997, 35 (4) .

④ Luthans F. B. , Avolio B. J. , Walumbwa F. O. , et al. , "The Psychological Capital of Chinese Workers: Exploring the Relationship with Performance", *Management and Organization Review*, 2005, 1 (2) .

⑤ 仲理峰：《心理资本研究评述与展望》，《心理科学进展》2007 年第 1 期。

的行为都有正面的影响。它们三者合成的心理资本比三者分开各自的心理资本的效用更明显。本研究首次从中国文化背景的视角，证实了三个层次与工作表现、企业允诺之间显著正相关。在此基础上，不同学者对大学生心理资本的影响因素进行了广泛的实践调查，并对相关的文献进行了整理，发现影响因素存在主观性和客观性这两个层次。从主观方面来看，心理资本对恋爱时自身的感觉、品质和快乐体验感有很大的影响，对个人心理的健康状况、感情和感情的调整有很大的促进作用。不仅如此，大学生孤独感的水平也可以通过心理资本进行预估。从客观角度来看，心理资本对高考复习学生的学业成绩、大学生的学习程度有显著的预测作用，其与高考复习学生的成绩存在显著的正相关，而心理资本则与大学生的找工作、就业问题、决定在哪就业均存在显著的正向关系。

二　间接效应模型

尽管许多学者都相信心理资本会直接影响个人的态度和行为活动，但也有学者提出了“缓冲作用”间接效应模型，认为心理资本对不同结果的作用是间接产生的，并不是直接产生影响，在这一过程中，中间变化的因素包含了中间和调整的变化因素。仲理峰①认为，在探讨改变作风的管理者和雇员的工作业绩之间的关系时，雇员的心理资本发挥着中间调整的效果，也就是说，改变作风的管理者的目标是通过对雇员的心理资本进行干预，从而实现对工作业绩和企业行为活动的影响。例如，有调查显示，大学生的心理资本是否正向会对学生是否满意学校的生活

① 仲理峰：《心理资本研究评述与展望》，《心理科学进展》2007 年第 3 期。

产生直接的影响，当然能间接影响校园生活满意度；在一定程度上，可以利用社会层面的支持中间效用，对学生的心理资本和学业投入进行一定的调控。此外，心理资本对学生的成绩、在学校和社会上是否可以生存、对学习的懒散性、自身快乐感以及是否进行创业都产生间接作用。

三 调节效应模型

一些学者认为，心理资本在一定的关系中，除了对其他的结果因素有一定的影响，还存在着一定的调节效应。也就是说，某些变量之间的关系（积极的或消极的），以及它们的强度大小，都会被作为调节变量被心理资本所左右。例如，学习护理知识的大学生的心理资本对消极的生活事物与迎合学校生活之间具有一定的调控效果，而其对大学生的生活活动和个人快乐感的影响则是由心理资本的调整或中间因素所决定的。通过对失业人员的自发满意程度与其想要重新工作的相关性分析，可以看出，其对再就业有一定的调整作用，而当失业人员的心理资本较高时，他们就越想重新找工作。李晓艳等①研究某省份中国移动企业的客服前台发现，用户的言语攻击行为对雇员的离职具有促进的作用，而这种影响可以通过心理资本来调整，而当心理资本达到一定程度时，言语侵害对雇员的离职效果就会降低。赵简等②采用问卷调查法，对 493 位通信公司雇员进行了调查，发现心理资本对工作中产生的压力和厌倦感有一定的调节作用，而当心理资本较高时，其对工作的压力和厌倦感作用也就较小。

---

① 李晓艳、周二华：《心理资本与情绪劳动策略、工作倦怠的关系研究》，《管理科学》2013 年第 26 期。

② 赵简、孙健敏、张西超：《工作要求—资源、心理资本对工作家庭关系的影响》，《心理学报》2013 年第 36 期。

四 中介模型

有些学者认为，心理资本对一些原因因素和结果因素的影响具有一定的中介效应，也就是说，心理资本在某些变量中发挥着桥梁的作用。心理资本不仅会直接地影响个体的自尊水平，而且会以控制点的方式影响个体的薪酬水平高低。[①] 心理资本先通过对个人的主观满意感产生影响以此影响个人的行为动机，进一步对员工个人的工作搜寻行为产生不同程度的影响。隋杨等[②] 对改革导向的管理者对员工的工作表现和满意程度进行了分析，结果显示，改革导向的管理者直接对员工的工作表现和满意程度产生了一定的影响。也可以通过对员工的心理资本产生作用来影响员工的工作绩效和工作满意度。另外，心理资本的整个中间作用有效地预测个人的工资和工作的满意程度，同时学习表现也会影响个人的心理资本，从而对学生所感受到的团体心理资本产生一定的作用。[③]

上述是把心理资本的作用机制作用于心理资本的影响效应中，然而目前对心理资本结果变量起到影响作用的激励是直接效应、间接效应还是中介、调节效应模型仍然没有统一的结果。与此同时，另外一些研究者逐渐着重强调心理资本和其他因素互相作用影响的动力学模式。非一致性的实证研究可以显示，心理资本在结果因素中的作用和它的作用机

① Goldsmith A. , Veum J. R. , Darity W. , "The Impact of Psychological and Human Capital on Wages", *Economic Inquiry*, 1997, 35 (4) .

② 隋杨、王辉、岳旖旎等：《变革型领导对员工绩效和满意度的影响：心理资本的中介作用及程序公平的调节作用》，《心理学报》2012 年第 9 期。

③ 杨亿亿：《心理资本对员工工作幸福感的影响——支持型领导的调节作用》，《首都经济贸易大学学报》2017 年第 12 期。

理还能够有深一步的研究。

因为本书讨论的是中国海外派遣员工的心理资本，因而要把与中国文化背景相对应的相关心理资本要素当作研究的对象。详细地从以下四个角度探讨心理资本对工作绩效的作用。

（一）主观幸福感

心理资本是一种积极的心理品质和人格特质，它是以正性情感为中心的主观幸福感的组成部分之一。当个人以正向的认知点来看待事件阐明状况的时候，就可以引发自身的幸福感。正向情绪能够帮助员工在企业和组织工作的过程中收获更高的幸福感。然而对于已经形成的主观幸福感以正向的认知评价的方式能够提高员工的心理资本。主观幸福感来源于个人能力与兴趣、企业环境与激励制度以及考核体系等方面的认识和接纳的合适程度，所以主观幸福感和员工绩效之间呈正相关。

（二）利组织行为

假如一个员工拥有积极正向的心态，以及沉着冷静、乐观自信并充满希望感的性格特征，那么该员工会表现出较多的利于企业和同事的行为。例如，主动参与组织活动，具备较强的合作共赢意识和团队灵魂，这种行为的可能性是很大的。面临人际矛盾和利益纠纷的时候，可以尽快改变好自身的心态，以交流与协调的方式来促成人际和谐的局面，用积极主动的态度去面对并且解决和组织、同事之间的关系。心理资本积极的员工通常在工作中表现积极，会想以个人和团队的共同努力的方式来加快企业和员工自身的事业迅速发展，所以能够展现出很高的工作绩效。

（三）工作满意度

员工如果具备良好的心理素质、面对复杂的工作环境时冷静理智，乐观看待企业和自身的未来，并始终怀揣自信和希望，通常来说，都对自己的职业生涯有长远规划，目标明确，行动迅速。即使要处理生活中的冲突与矛盾，也能理性地聚焦于工作中的具体问题上，对从事的工作充满热爱与追求，所以更容易获得工作满意感。人岗匹配度决定员工的工作满意度和流动倾向，匹配度高则满意度高，流动率低，所以工作满意度高的员工的工作绩效高。

（四）组织承诺

倘若一个员工的心理资本是积极的，那么其总是能发现企业正向的一面，能够认可企业文化与愿景，具有高组织承诺，特别是感情承诺。他会对自己的工作环境感到满意，努力发掘能对企业支持的资源，积极正向地处理人和企业的关系，在工作中满怀自信，充满对企业未来发展的希望，当企业遭遇困境时能够积极采取相关措施去解决问题。这些员工通常对企业具有深厚的感情，愿意为企业的发展尽力，以高工作绩效作为对企业的报答。

第四章　授权式领导力

近年来，授权式领导力受到了越来越多的重视。[①] 授权式领导力与其他类型领导力存在明显差异。授权式领导力尝试浅化过去的“领导”观念，以培育雇员实现自身进步为目的，通过“释放权力”来突破管理者与下属的界限，使雇员拥有自身应尽工作职责范围外的权力。[②] 而且，委任的行为不仅在新建立的、管理结构不清晰的企业中存在，而且在等级森严的传统机构中，也有委任行为的存在。[③]

在20多年的发展过程中，授权式领导力的相关学说日趋成熟，其对雇员、团队、企业和管理者的各种影响也越来越明显。随着研究的深入，广大学者发现，授权式领导力具有双向作用，它除了正面的作

---

① 张燕、王辉、陈昭全：《授权赋能研究的进展》，《南大商学评论》2006年第11期。

② Spreitzer G. M.，“Psychological Empowerment in the Workplace: Dimensions, Measurements, and Validation”，*Academy of Management Journal*，1995，38（5）；Ahearne M.，Mathieu J.，Rapp A.，et al.，“To Empower or Not to Empower Your Sales Force? An Empirical Examination of the Influence of Leadership Empowerment Behavior on Customer Satisfaction and Performance”，*Journal of Vocational Behavior*，2005，31（3）；王辉、武朝艳、张燕等：《领导授权赋能行为的维度确认与测量》，《心理学报》2008年第12期。

③ Vecchio R. P.，Justin J. E.，Pearce C. L.，“Empowering Leadership: An Examination of Mediating Mechanisms within a Hierarchical Structure”，*The Leadership Quarterly*，2010，21（3）.

用，还会产生各种负面效应。[①] 比如，授权式领导力可能会影响到雇员的工作表现，也会影响到雇员对委任型管理者的管理效果的评估。[②] 在最近的几年，授权式领导力的双重性质和原因越来越受到人们的关注。[③]

第一节 授权式领导力的发展回顾

授权式领导力的概念发展整合了一系列理论与概念。授权式领导力的概念发展经历了支持型领导力[④]、情境式领导力、参与式领导力[⑤]、超级领导力[⑥]等。随后的研究广泛地把 Manz 和 Sims 所提出的“超常管理者”视为授权式领导力的一个初始状态。本书把领导力分成四种。第一种是通过处罚来使雇员顺从的“权力管理者”；第二种是通过奖品等激励雇员的“交易性管理者”；第三种是以良好的远见来吸引雇员的“前景型管理者”；第四种为“超级管理者”，他与雇员共享权力，着重

---

① 庞书一、郑兴山、唐宁玉：《授权型领导行为对员工绩效非线性影响机制研究》，《西南民族大学学报》（自然科学版）2013 年第 1 期；林美珍、罗忠恒：《授权型领导负面效应的形成机制：基于“过犹不及”理论》，《首都经济贸易大学学报》2017 年第 5 期。

② Lee S. , Cheong M. , Kim M. , et al. , “Never Too Much? The Curvilinear Relationship between Empowering Leadership and Task Performance”, *Group and Organization Management*, 2017, 42 (1); Humborstad S. I. W. , Giessner S. R. , “The Thin Line between Empowering and Laissez - faire Leadership: An Expectancy - match Perspective”, *Journal of Management*, 2018, 44 (2) .

③ 尹奎、邢璐、汪佳：《授权型领导行为对员工任务绩效的非线性影响机制》，《心理科学》2016 年第 3 期；Cheong M. , Spain S. M. , Yammarino F. J. , et al. , “Two Faces of Empowering Leadership: Enabling and Burdening”, *The Leadership Quarterly*, 2016, 7 (4) .

④ Bowers D. G. , Seashore S. E. , “Predicting Organizational Effectiveness with a Four - factor Theory of Leadership”, *Administrative Science Quarterly*, 1966, 10 (4) .

⑤ Locke E. A. , Schweiger D. M. , “Participation in Decision - making: One More Look”, *Research in Organizational Behavior*, 1979, 1 (10) .

⑥ Manz C. C. , Sims H. P. , *Super - leadership*, Berkley Publishing Group, 1990.

训练员工的正面思考方式。“超级管理者”视为委任型管理者的一个初始状态，它注重管理者和雇员的权力共享，并把重点放在培养雇员上。[①]研究人员相信，每位雇员都具有“自己作为领导”的潜力，可以摆脱其他管理者一定的管控，只要好好训练，就能让员工在自己的带领下，为公司做出更大的贡献。Manz 和 Sims 在管理者怎样实现“超级管理能力”方面列举了七条具体的细节。第一，要做到“自我管理”；第二，领导者要树立榜样，要做好“自我管理”的榜样，让下属模仿；第三，激励员工建立自己的工作目标与计划；第四，树立正面的思维方式，向员工传递信息，包括对员工的鼓励和信赖；第五，培养员工的自我管理能力，包括激励和有效用的批评；第六，建立一个团队的自我领导模型；第七，构建一种“自我领导”的企业文化。

尽管“超级管理能力”和目前所称的“授权式领导力”还有很多区别，但是，这是一种权力下放和赋予雇员权力的核心要素。[②] 授权式领导力的相关概念是不断完善，进而逐步明确的。对授权式领导力的界定可以分为两种。一是从管理者委任行为的情景角度[③]，二是从被委任的雇员的精神知觉来看。[④] 其中，“雇员视角”也被称作“心理授权”，经过不断研究，它渐渐形成了一种独立的体系。

---

① Manz C. C., Sims H. P., “Super Leadership: Beyond the Myth of Heroic Leadership”, *Organizational Dynamics*, 1991, 19 (4).

② Arnold J. A., Arad S., Rhoades J. A., “The Empowering Leadership Questionnaire: The Construction and Validation of a New Scale for Measuring Leader Behaviors”, *Journal of Organizational Behavior*, 2000, 21 (3).

③ Conger J. A., Kanungo R. N., “The Empowerment Process: Integrating Theory and Practice”, *Academy of Management Review*, 1988, 13 (3).

④ Spreitzer G. M., “Psychological Empowerment in the Workplace: Dimensions, Measurements, and Validation”, *Academy of Management Journal*, 1995, 38 (5).

◇第二节　授权式领导力的概念

授权式领导力是指上层领导对其员工进行权力下放的过程，也可以被称为委任型领导。不同研究者也提出了委任型领导的概念。Conger 和 Kanungo① 认为，授权式领导力是指经理等领导人员将自主处理事务的权力分配给其下属，使其在工作中可以自己拿主意并具备高度自由性。Arnold等②认为，授权式领导力就是企业的管理者将自己手中的权力和责任下发给员工，以及鼓励他们实现自身不断进步的一种活动形式。Leach 等③对授权式领导力的理解与前面学者大致相同，但他更强调主体不是单独的员工，而是指员工所构成的小团队，鼓励他们发挥出更大的自主性。在委托行为中，有六个方面的代表性，包括激励他们自主活动、机遇思考、集体协作、促进发展、团体中的每个个体均建立自己的目标、对表现良好的自己进行嘉奖等。④ 经过大量的研究发现，授权式领导力最独特的性质是管理者是否将自己手中的权力分配

---

① Conger J. A., Kanungo R. N., "The Empowerment Process: Integrating Theory and Practice", *Academy of Management Review*, 1988, 13 (3).

② Arnold J. A., Arad S., Rhoades J. A., "The Empowering Leadership Questionnaire: The Construction and Validation of a New Scale for Measuring Leader Behaviors", *Journal of Organizational Behavior*, 2000, 21 (3).

③ Leach D. J., Wall T. D., Jackson P. R., "The Effect of Empowerment on Job Knowledge: An Empirical Test Involving Operators of Complex Technology", *Journal of Occupational and Organizational Psychology*, 2003, 76 (1).

④ Konczak L. J., Stelly D. J., Trusty M. L., "Defining and Measuring Empowering Leader Behaviors: Development of an upward Feedback Instrument", *Educational and Psychological Measurement*, 2000, 60 (2); Pearce C. L., Sims H. P., "Vertical Versus Shared Leadership as Predictors of the Effectiveness of Change Management Teams: An Examination of Aversive, Directive, Transactional, Transformational, and Empowering Leader Behaviors", *Group Dynamics: Theory, Research, and Practice*, 2002, 6 (2).

给雇员。[①]

在心理授权视角下，授权式领导力是一种研究员工被委任这一过程的心理状态，重点放在他们当时内心的感觉和对此所作出的反应。[②] 比如，McClelland[③] 把委任看作赋予下属能力的活动，而不是一种单纯的权力下放行为。Conger 和 Kanungo[④] 开展了关于在心理层面进行权力下放的研究，他们指出将权力进行分散或资源分享看作与委任具备相同效力的做法有很大的缺点，即权力被当作官方指定的手段可以对企业内部的信息等进行支配，而不能准确地说明雇员所受的委任。

在实现个体自身贡献的基础上，研究者把授权式领导力确定为其部下的员工不具备权力时所产生的心态，并运用一些正规的战略来解决这种心态的影响，并建立了委任行为五个过程的模式，以完善情境设置层次的不足之处。Thomas 和 Velthouse[⑤] 将委任从多个层面来研究，将委任界定为提高内心工作的动力，属于从员工内心的态度方面进行权力下放，员工内在心态具体表现为对所完成工作具备的意义、效率、产生的效果和工作的独立性四种取向，并首次提出了将委任与精神授权相区别

---

① Arnold J. A., Arad S., Rhoades J. A., "The Empowering Leadership Questionnaire: The Construction and Validation of a New Scale for Measuring Leader Behaviors", *Journal of Organizational Behavior*, 2000, 21 (3).

② Conger J. A., Kanungo R. N., "The Empowerment Process: Integrating Theory and Practice", *Academy of Management Review*, 1988, 13 (3); Spreitzer G. M., "Psychological Empowerment in the Workplace: Dimensions, Measurements, and Validation", *Academy of Management Journal*, 1995, 38 (5); Ahearne M., Mathieu J., Rapp A., et al., "To Empower or Not to Empower Your Sales Force? An Empirical Examination of the Influence of Leadership Empowerment Behavior on Customer Satisfaction and Performance", *Journal of Vocational Behavior*, 2005, 31 (3).

③ McClelland D. C., "Power: The inner experience", *American Journal of Sociology*, 1975.

④ Conger J. A., Kanungo R. N., "The Empowerment Process: Integrating Theory and Practice", *Academy of Management Review*, 1988, 13 (3).

⑤ Thomas K. W., Velthouse B. A., "Cognitive Elements of Empowerment: An 'Interpretive' Model of Intrinsic Task Motivation", *Academy of Management Review*, 1990, 15 (4).

的必要性。Amundsen 和 Martinsen① 认为，权力的下放可以提高员工的独立性，使其在工作中更加得心应手。

关于授权式领导力的层次区分有多种方法，以下将展示各种研究者的分类结果：对于授权式领导力的研究，不仅局限于个人，而应该在个人所形成的团体、不同团体构成的企业都有相应的界定和度量。在企业角度上，研究者将授权式的概念界定为，企业将权力下放给自己的员工，员工通过该权力进行一定的任务分配和管理，以实现工作的顺利完成，在此基础上衍生出关于委任在环境和结构②这两方面的定义；从团队的角度上看，委派是指在小组级别上向全体小组委派的行动。在团队层次上，可以用两种方式来度量。第一种是可以通过测定小组级别的委任环境来衡量企业层次③；第二种是将众多个人知觉授权的提升集中到小组上，将管理者对该小组的委任当作对小组全部成员的共同认知的委任。④

第三节 相关概念辨析

授权式领导力打破了过去对雇员认定的界限，将授受者从服从人员中解放出来，经过对领导权力的重新布局，使得管理者和雇员两者

---

① Amundsen S.，Martinsen Ø L.，"Empowering Leadership: Construct Clarification，Conceptualization，and Validation of a New Scale"，*The Leadership Quarterly*，2014a，25（3）.

② Blau J. R.，Alba R. D.，"Empowering Nets of Participation"，*Administrative Science Quarterly*，1982（10）.

③ Chen G.，Kirkman B. L.，Kanfer R.，et al.，"A Multilevel Study of Leadership，Empowerment，and Performance in Teams"，*Journal of Applied Psychology*，2007a，92（2）.

④ Chen G.，Sharma P. N.，Edinger S. K.，et al.，"Motivating and Demotivating Forces in Teams: Cross – level Influences of Empowering Leadership and Relationship Conflict"，*Journal of Applied Psychology*，2011，96（3）.

的界限不像从前那样强烈区分。[①] 由于授权式领导力自身的独特性使得它和其他概念存在很大的差异性，但它们之间仍有许多共同之处，关于领导存在很多的类型，如权力分配、分享型、自我独大型、改革型、法治型等。在本书中，我们将从不同的角度来分析授权式领导力与其他类型管理者之间的差异，从而更深层次掌握授权式领导力的内涵。

一 分权（Delegation）

所谓分权就是把权力下放到一个机构中的员工。[②] 它对企业内部的权力进行分散和约束，而不是集中权力在一人身上。尽管权力下放和授权式领导力都进行了权力的分散，但是二者的内涵却不尽相同，授权式领导力具有更深、更远的含义。在权力下放的基础上，同时着重于对下属职员的培养，如与雇员分享公司的发展规划与前景、使雇员更加主动地处理公司业务、增强小组成员之间的协作等。权力下放只是一个方法，通过该方法可以使企业的雇员的综合素质得到更大的提升，使其工作能力得到进一步锻炼，以适应更快速发展的社会，助力企业保持竞争优势。

二 共享式领导力（Shared Leadership）

与纵向管理者相比，分享式管理者是企业所有员工一起拥有对该企

---

① Arnold J. A.，Arad S.，Rhoades J. A.，"The Empowering Leadership Questionnaire：The Construction and Validation of a New Scale for Measuring Leader Behaviors"，*Journal of Organizational Behavior*，2000，21（3）.

② Offermann L. R.，Hellmann P. S.，"Culture's Consequences for Leadership Behavior：National Values in Action"，*Journal of Cross－cultural Psychology*，1997，8（3）.

业的管理责任。[1] 纵向管理者认为，对企业的管理权应该是企业的高管团队；而与之相对的，分享式管理者指出对企业的管理应该由企业内部的所有员工共同管理，且自然生成。

类似于授权式领导力，分享式管理者也注重在小组内部中的分享管理权。但是，它与前者的根本不同之处是，授权式领导力是指管理者对某一具体活动的领导，由对不同员工进行权力指定、给予员工自由权等构成。而分享型领导力可以看作不同类型的管理人员所做的事情的结合体。比如，Ensley 等[2]研究了在刚开始建立的公司管理团队中，纵向管理者、委任型管理者、分享式管理者、改革式管理者以及指令式管理者对公司绩效的影响。

三 自我领导力（Self - Leadership）

以自身为中心的管理者是指个人为了管控自己的活动而采用的一套战略，它显示出人们在自身（而不是外在）中寻求动力的源泉。[3] 在前期的有关授权式领导力理论中，授权式领导力就是要提高雇员对自身以及周围同事的管理能力，甚至训练成“高级管理者”。[4]

---

① Pearce C. L.，Sims H. P.，“Vertical Versus Shared Leadership as Predictors of the Effectiveness of Change Management Teams：An Examination of Aversive，Directive，Transactional，Transformational，and Empowering Leader Behaviors”，*Group Dynamics：Theory，Research，and Practice*，2002，6（2）.

② Ensley M. D.，Hmieleski K. M.，Pearce C. L.，“The Importance of Vertical and Shared Leadership within New Venture Top Management Teams：Implications for the Performance of Startups”，*Leadership Quarterly*，2006，17（3）.

③ Manz C. C.，Sims H. P.，“Self - management as a Substitute for Leadership：A Social Learning Theory Perspective”，*Academy of Management Review*，1980，5（3）.

④ Manz C. C.，Sims H. P.，“Super Leadership：Beyond the Myth of Heroic Leadership”，*Organizational Dynamics*，1991，19（4）；Manz C. C.，Sims H. P.，*Super - leadership*，Berkley Publishing Group，1990.

在定义这方面上，授权式领导力与自我领导力是两种截然不同的定义。授权式领导力是指由一个具体的管理者所提出的权力分配，用来提高雇员对工作的选择空间和其拥有的权利和义务。[①] 可以说，员工自我领导力的提升是授权式领导力带来的结果之一。

四 参与型领导力（Participative Leadership）

参与型领导力是一个能够让企业的员工参与企业管理流程中的管理活动的组合，这是在 Vroom 和 Yetton[②] 研究的规范性管理者模式的基础上进行改进所得到的，其具有代表性的行为包括制订计划时吸取员工的看法、允许他们表达自身的观点、对于正确的建议积极采纳等。

激励雇员参加企业内部决定的制定是一种代表性的授权式领导力，但是并不局限于这一点，它还包含了激励雇员自己处理麻烦、与雇员交流公司策略、激励小组成员进行合作等。在这种情况下，授权式领导力能被看作一种委任性的管理活动，但后者的定义范围比前者更大。

五 变革型领导力（Transformational Leadership）

基于 1978 年 Burns[③] 提出关于定义，变革型领导力的概念被提出，

---

① Arnold J. A. , Arad S. , Rhoades J. A. , "The Empowering Leadership Questionnaire: The Construction and Validation of a New Scale for Measuring Leader Behaviors", *Journal of Organizational Behavior*, 2000, 21 (3); Ahearne M. , Mathieu J. , Rapp A. , et al. , "To Empower or Not to Empower Your Sales Force? An Empirical Examination of the Influence of Leadership Empowerment Behavior on Customer Satisfaction and Performance", *Journal of Vocational Behavior*, 2005, 31 (3); Leach D. J. , Wall T. D. , Jackson P. R. , "The Effect of Empowerment on Job Knowledge: An Empirical Test Involving Operators of Complex Technology", *Journal of Occupational and Organizational Psychology*, 2003, 76 (1) .

② Vroom V. H. , Yetton P. W. , *Leadership and Decision - making*, University of Pittsburgh Press, 1973.

③ Burns J. M. , *Leadership*, New York: Harper and Row, 1978.

它是一种能让雇员认识到工作的重要性，使他们对工作产生更高的要求，从而实现超越最初的预期目标的管理活动。它由管理者自身的吸引力、号召性、对个人的关心程度以及对员工聪明才智的启发四方面组成。具有代表性的变革型领导力可以设身处地为雇员考虑，必要时可以以自身利益为代价，充分体现雇员的优势，与员工一起为企业奋斗。变革型领导力的概念一经提出引起了广大学者的高度重视。

许多学者对变革型领导力和授权式领导力的相同和不同之处进行了讨论。① 两者在定义上有一定的类似之处，比如，他们都注重关心雇员，将企业的发展方向和持久效益传递给雇员。有学者认为，变革型领导力与授权式领导力两者具有显著的正向联系。Cheong 等②指出，这两个领导力最重要的差异可以用服务目标客户来概括，前者注重“我们”，后者注重“你们”。变革型领导力激励企业的广大雇员为了公司的发展必要时放弃自身利益，但是授权式领导力着重对雇员自身能力的培训并赋予他们一定的权力。所以，这两者既存在共同之处又有所区分。

六　道德型领导力（Ethical Leadership）

道德型领导力是管理者在日常生活中，与他人交往中做出的一系列符合社会法律、道德准则的行为，并且通过交流和制定措施使该企业的员工也依据这样的行为准则为人处世。道德型领导力的主要表现形式有

---

① Amundsen S., Martinsen O. L., “Empowering Leadership: Construct Clarification, Conceptualization, and Validation of a New Scale”, *The Leadership Quarterly*, 2014a, 25 (3); Amundsen S., Martinsen O. L., “Self – other Agreement in Empowering Leadership: Relationships with Leader Effectiveness and Subordinates' Job Satisfaction and Turnover Intention”, *The Leadership Quarterly*, 2014b, 25 (4).

② Cheong M., Spain S. M., Yammarino F. J., et al., “Two Faces of Empowering Leadership: Enabling and Burdening”, *The Leadership Quarterly*, 2016, 27 (4).

对道德规范的采纳、实践、执行等。

虽然授权式领导力是为了训练雇员，但是，它不能完全按照一定的伦理准则来训练和指导部属，而道德式管理在指导员工的过程中，它也不一定会使用授权式领导力的方法。所以，这两种领导方式是截然不同的。

第四节 授权式领导力的测量

基于对授权行为的界定，研究者从其概念的角度出发，设计出相应的量化调查问卷。目前已有许多种不同的方法来衡量授权式领导力的作用，并且不同类型的问卷已在研究中被采用。总体上，较早使用的调查表包括 Arnold 等[①]所发展的授权式领导力调查表（ELQ）、Ahearne 等[②]研究的管理授权式领导力测量（LEB）等。在最近几年，许多研究者改进上述量化表格[③]，并在实践中应用，以期对授权式领导力进行完美量化，以下是一些常用量化方法的整理和归纳。

① Arnold J. A., Arad S., Rhoades J. A., "The Empowering Leadership Questionnaire: The Construction and Validation of a New Scale for Measuring Leader Behaviors", *Journal of Organizational Behavior*, 2000, 21 (3).

② Ahearne M., Mathieu J., Rapp A., et al., "To Empower or Not to Empower Your Sales Force? An Empirical Examination of the Influence of Leadership Empowerment Behavior on Customer Satisfaction and Performance", *Journal of Vocational Behavior*, 2005, 31 (3).

③ Vecchio R. P., Justin J. E., Pearce C. L., "Empowering leadership: An Examination of Mediating Mechanisms within a Hierarchical Structure", *The Leadership Quarterly*, 2010, 21 (3); Zhang X., Bartol K. M., "Linking Empowering Leadership and Employee Creativity: The Influence of Psychological Empowerment, Intrinsic Motivation, and Creative Process Engagement", *Academy of Management Journal*, 2010, 53 (1); Amundsen S., Martinsen O. L., "Empowering Leadership: Construct Clarification, Conceptualization, and Validation of a New Scale", *The Leadership Quarterly*, 2014a, 25 (3).

一　领导行为问卷（Leader Behavior Questionnaires）

这份调查问卷由 Pearce 和 Sims① 等设计出来，其主要内容包括以下六个方面，即激励自我回报，支持小组共同工作，一起规划企业的发展方向，锻炼员工的自主性，激励员工抓住一切机会，支持员工自身进步。这份问卷共设置 22 个问题。

二　授权式领导力量表（Empowering Leadership Scale）

这一测量表格由 Vecchio 等②给出，它是在 Manz 和 Sims③ 的基础上进行整理归纳所形成，由自主进行活动、抓住一切机会的想法、与其他人进行合作这三个方向组成，这份量表共设置 10 个问题。

三　授权式领导力问卷（Empowering Leadership Questionnaire，ELQ）

授权式领导力问卷由 Arnold 等④设计出来，其主要内容包括以下五个方面，即以自己为例子为员工作表率、让员工也参与公司发展的制定、为员工提供帮助、与员工共同支配公司所拥有的信息与资源、对团队各成员提供人文关怀。这份问卷共设置 38 个问题。

---

① Pearce C. L.，Sims H. P.，"Vertical Versus Shared Leadership as Predictors of the Effectiveness of Change Management Teams：An Examination of Aversive，Directive，Transactional，Transformational，and Empowering Leader Behaviors"，*Group Dynamics：Theory，Research，and Practice*，2002，6（2）.

② Vecchio R. P.，Justin J. E.，Pearce C. L.，"Empowering Leadership：An Examination of Mediating Mechanisms within a Hierarchical Structure"，*The Leadership Quarterly*，2010，21（3）.

③ Manz C. C.，Sims H. P.，*Super－leadership*，Berkley Publishing Group，1990.

④ Arnold J. A.，Arad S.，Rhoades J. A.，"The Empowering Leadership Questionnaire：The Construction and Validation of a New Scale for Measuring Leader Behaviors"，*Journal of Organizational Behavior*，2000，21（3）.

四　领导授权行为问卷（Leader Empowering Behavior Questionnaire，LEBQ）

领导授权行为问卷由 Konczak 等①设计出来，其主要内容包括以下六个方面，即将领导权力分配给各员工、责任落实到个人、训练员工自己进行相关决定、与员工共同支配公司所拥有的信息与资源、促进员工技能的培养、训练员工的创新、变革能力。这份问卷共设置 17 个问题。

五　领导授权行为量表（Leadership Empowering Behavior，LEB）

领导授权行为量表由 Ahearne 等②设计出来，其主要内容包括以下四个方面，即提高员工对工作的认可程度、让员工也参与公司发展的制定、增加员工提升自身业绩的信心，以及提供不受层级限制的自主权。这份量表共设置 9 个问题。

六　领导授权赋能行为量表

领导授权赋能行为量表由王辉等③设计出来，适应范围为中国本土的领导行为，其主要内容包括以下六个方面，即员工自身前进的方向、对管理活动这一流程的管控、对领导的权力进行分配、对管理效果和要达到的目的进行管控、让员工也参与到公司发展的制定、为员工工作的

---

① Konczak L. J., Stelly D. J., Trusty M. L., "Defining and Measuring Empowering Leader Behaviors: Development of an upward Feedback Instrument", *Educational and Psychological Measurement*, 2000, 60 (2).

② Ahearne M., Mathieu J., Rapp A., et al., "To Empower or Not to Empower Your Sales Force? An Empirical Examination of the Influence of Leadership Empowerment Behavior on Customer Satisfaction and Performance", *Journal of Vocational Behavior*, 2005, 31 (3).

③ 王辉、武朝艳、张燕、陈昭全：《领导授权赋能行为的维度确认与测量》，《心理学报》2008 年第 12 期。

顺利进行提供帮助。这份量表共设置 24 个问题。

第五节　授权式领导力的前因变量

根据现有的研究，本书将授权式领导的影响因素归纳为三大类，授权式人员的特点、领导者与被领导者的关系以及企业的外在环境。[①]

一　授权者特征

授权活动是由授权者所主导的，其个人的性格特点和偏好设置将导致委任活动产生截然不同的结果。结果表明，授权者对权力的把控、对风险进行逃离的偏好、团队与个人之间关系的取向、性格特点等因素都会对他们的委任活动产生影响。[②] 比如对风险进行逃离的偏好和认为自己是完美主义者这两种活动均会使委任行为的水平下降。[③] 另外，部分研究还考虑到授权者的风险偏好，这是因为委任活动并不是一帆风顺的，它具有风险。Spreitzer 和 Mishra[④] 指出，授权者被委任人员对风险的接受程度有关。杨英等[⑤]提出了对企业利润的考虑、领导者社会地位

---

① 陈洪安、张欣：《领导授权赋能行为研究述评与展望》，《第十二届（2017）中国管理学年会文集》。

② Sharma P. N. , Kirkman B. L. , "Leveraging Leaders: A Literature Review and Future Lines of Inquiry for Empowering Leadership Research", *Group and Organization Management*, 2015, 40 (2).

③ Offermann L. R. , Hellmann P. S. , "Culture's Consequences for Leadership Behavior: National Values in Action", *Journal of Cross – cultural Psychology*, 1997, 8 (3) .

④ Spreitzer G. M. , Mishra A. K. , "Giving up Control without Losing Control: Trust and Its Substitutes 'Effects on Managers' Involving Employees in Decision Making", *Group and Organization Management*, 1999, 24 (2) .

⑤ 杨英、龙立荣：《基于风险感知的管理授权实证研究》，《科学学与科学技术管理》2009 年第 3 期；杨英、龙立荣、周丽芳：《授权风险考量与授权行为：领导—成员交换和集权度的作用》，《心理学报》2010 年第 8 期

的考虑、员工工作业绩的考虑这三种风险。对风险的考虑程度越高，管理者的授权行为越平和。另外，领导的工作压力也会显著降低领导的授权行为。[①]

二 领导—下属关系

领导的授权活动也与其和下属的关系相关。详细来讲，在领导和员工关系越好的情况下，领导的授权行为便会越频繁。本书认为，领导和下属的关系（LMX）是主要因素。应当指出，LMX 并非始终是影响前面发生变化的因素。以杨英等为代表，LMX 则作为调整因素。此外，委派的活动因领导对下属的信任程度而不同。Lee 和 Koh[②]指出，领导越信任哪个员工他对这个员工进行委任的可能性就越大，他们之间的气场也是一个重要因素。彭坚和王霄[③]指出，当领导和下属的偶像相同时，他对这个员工的授权行为越频繁。

三 组织环境特征

本书的研究结果表明，企业的特性会影响到领导者的委任活动。杨英和龙立荣[④]指出，中国的私企公司经理比国企领导更容易感受到授权的风险。不仅如此，领导者的授权行为也会被组织中其他同职级领导的

① Sharma P. N. , Kirkman B. L. , "Leveraging Leaders: A Literature Review and Future Lines of Inquiry for Empowering Leadership Research", *Group & Organization Management*, 2015, 40 (2).

② Lee M. , Koh J. , "Is Empowerment Really a New Concept?", *International Journal of Human Resource Management*, 2001, 12 (4) .

③ 彭坚、王霄：《与上司"心有灵犀"会让你的工作更出色吗？——追随原型一致性、工作投入与工作绩效》，《心理学报》2016 年第 9 期。

④ 杨英、龙立荣：《基于风险感知的管理授权实证研究》，《科学学与科学技术管理》2009 年第 3 期。

授权行为影响。当组织中其他同级领导的授权行为较多时，该领导的授权行为也会得到显著提升。①

第六节　授权式领导力的结果变量

在授权式领导力理念出现之时，人们一直在研究授权型领导所带来的影响作用。早期，人们认为其影响作用多以正面效应为主，但近几年，随着对其消极效应研究力度的不断加大，其消极效应也逐渐显现出来。以下将阐述其对雇员、小组、企业和领导等方面带来的正面和负面效应。

一　积极影响

（一）个体层面

在个人层面上，授权式领导力的正向作用主要包括看法、态度、活动和绩效四个方面。一是授权式领导力能影响雇员的看法。第一，授权式领导力能提升雇员的精神面貌，并证明它可以有效改善雇员的整个精神状态。② 第二，本书发现，授权式领导力可以提高雇员的工作效率，他们可以更大范围内地自主做决定，并且管理者为员工提供更深层次的帮助。③

---

① Sharma P. N., Kirkman B. L., "Leveraging Leaders: A Literature Review and Future Lines of Inquiry for Empowering Leadership Research", *Group and Organization Management*, 2015, 40 (2).

② Fong K. H., Snape E., "Empowering Leadership, Psychological Empowerment and Employee Outcomes: Testing a Multi-level Mediating Model", *British Journal of Management*, 2015, 26 (1).

③ Srivastava A., Bartol K. M., Locke E. A., "Empowering Leadership in Management Teams: Effects on Knowledge Sharing, Efficacy, and Performance", *Academy of Management Journal*, 2006, 49 (6).

第三，授权活动对雇员的心理归属也有一定的作用。Kim 等[①]指出，授权行为可以促进雇员对企业产生家的感觉、提升对企业的认可程度和责任使命，进而提高员工的内部工作能力，进而减少雇员的离职行为。第四，授权式领导力会影响个体在工作环境中的信任与认同。[②] 陈国权和陈子栋[③]提出，领导的委任活动会使被委任人员更加相信他的同事和上级。

二是授权式领导力能影响雇员的态度。第一，授权式领导力可以使雇员对工作更加满意。委派能更好地满足雇员要求，从而使雇员更加满意现在的工作状态。[④] 第二，授权行为能够让员工的离职倾向降低。[⑤] 研究表明，授权式领导与员工二者是否相互信任与雇员对工作是否满意有很大的关系。他们之间越信任，员工就更不容易产生离职的冲动。[⑥] 第三，授权式的工作可以增加雇员对企业的允诺，企业为雇员提供力所能及的帮助，让他们有机会表达自己的意见。[⑦] 第四，授权式活动可以使员工

---

① Kim M., Beehr T. A., Prewett M. S., "Employee Responses to Empowering Leadership: A Meta-analysis", *Journal of Leadership & Organizational Studies*, 2018, 25 (3).

② Lee S., Cheong M., Kim M., et al., "Never Too Much? The Curvilinear Relationship Between Empowering Leadership and Task Performance", *Group and Organization Management*, 2017, 42 (1).

③ 陈国权、陈子栋：《领导授权行为对员工学习能力影响机制研究》，《科研管理》2017 年第 3 期。

④ Kim, M., Beehr, T. A., & Prewett, M. S., "Employee Responses to Empowering Leadership: A Meta-analysis", *Journal of Leadership & Organizational Studies*, 2018, 25 (3).

⑤ Chen G., Sharma P. N., Edinger S. K., et al., "Motivating and Demotivating Forces in Teams: Cross-Level Influences of Empowering Leadership and Relationship Conflict", *Journal of Applied Psychology*, 2011, 96 (3).

⑥ Dewettinck K., Van Ameijde M., "Linking Leadership Empowerment Behaviour to Employee Attitudes and Behavioural Intentions: Testing the Mediating Role of Psychological Empowerment", *Personnel Review*, 2011, 40 (3).

⑦ Den Hartog D. N., De Hoogh A. H. B., "Empowering Behaviour and Leader Fairness and Integrity: Studying Perceptions of Ethical Leader Behaviour from a Levels-of-analysis Perspective", *European Journal of Work and Organizational Psychology*, 2009, 18 (2).

更加沉浸在自身的任务中，使其具有充分的独立性。①

三是授权式领导力与雇员的活动。Raub 和 Robert② 指出，在进行服务活动的相关产业中，授权式领导力不仅能提高服务人员的工作绩效，还能促进员工的外部表现，进而影响其周围环境的相关活动，包括企业活动③、建言行为④、创新行为⑤和知识分享行为⑥等。

四是授权式领导力与雇员的绩效。结果显示，授权式领导力可以有效改善雇员的工作业绩⑦，Ahearne 等⑧的调查显示，被授权的销售员可

---

① Albrecht S. L., Andreetta M., "The Influence of Empowering Leadership, Empowerment and Engagement on Affective Commitment and Turnover Intentions in Community Health Service Workers: Test of a Model", *Leadership in Health Services*, 2011, 24 (3).

② Raub S., Robert C., "Differential Effects of Empowering Leadership on In-role and Extra-role Employee Behaviors: Exploring the Role of Psychological Empowerment and Power Values", *Human Relations*, 2010, 63 (11).

③ Bester J., Stander M. W., Van Zyl L. E., "Leadership Empowering Behaviour, Psychological Empowerment, Organisational Citizenship Behaviours and Turnover Intention in a Manufacturing Division", *SA Journal of Industrial Psychology*, 2015, 41 (1).

④ Raub S., Robert C., "Empowerment, Organizational Commitment, and Voice Behavior in the Hospitality Industry: Evidence from a Multinational Sample", *Cornell Hospitality Quarterly*, 2013, 54 (2).

⑤ Chen G., Sharma P. N., Edinger S. K., et al., "Motivating and Demotivating Forces in Teams: Cross-Level Influences of Empowering Leadership and Relationship Conflict", *Journal of Applied Psychology*, 2011, 96 (3); Zhang X., Bartol K. M., "Linking Empowering Leadership and Employee Creativity: The Influence of Psychological Empowerment, Intrinsic Motivation, and Creative Process Engagement", *Academy of Management Journal*, 2010, 53 (1).

⑥ Xue Y., Bradley J., Liang H., "Team Climate, Empowering Leadership, and Knowledge Sharing", *Journal of Knowledge Management*, 2011, 15 (2); Srivastava A., Bartol K. M., Locke E. A., "Empowering Leadership in Management Teams: Effects on Knowledge Sharing, Efficacy, and Performance", *Academy of Management Journal*, 2006, 49 (6).

⑦ Chen G., Kirkman B. L., Kanfer R., et al., "A Multilevel Study of Leadership, Empowerment, and Performance in Teams", *Journal of Applied Psychology*, 2007, 92 (2); Amundsen S., Martinsen O. L., "Self-other Agreement in Empowering Leadership: Relationships with Leader Effectiveness and Subordinates' Job Satisfaction and Turnover Intention", *The Leadership Quarterly*, 2014b, 25 (4); Kim M., Beehr T. A., "Self-efficacy and Psychological Ownership Mediate the Effects of Empowering Leadership on Both Good and Bad Employee Behaviors", *Journal of Leadership & Organizational Studies*, 2017, 24 (4); Hao P., He W., Long L. R., "Why and When Empowering Leadership has Different Effects on Employee Work Performance: The Pivotal Roles of Passion for Work and Role Breadth Self-efficacy", *Journal of Leadership and Organizational Studies*, 2018.

⑧ Ahearne M., Mathieu J., Rapp A., et al., "To Empower or Not to Empower Your Sales Force?: An Empirical Examination of the Influence of Leadership Empowerment Behavior on Customer Satisfaction and Performance", *Journal of Vocational Behavior*, 2005, 31 (3).

以在工作中更有弹性，面对紧急情况可以更快处理，使自己的工作得到领导和客户的认可。

（二）团队层面

属于授权式领导风格的领导在进行企业管理时不仅仅是影响被授权者中的某一个个体，也会影响授权者中的某一个团队。一是授权行为对某一个企业内部的团队来说在心理授权方面有一定的促进作用。[①] 团队授权与个体授权在一定程度上存在相似之处，都会通过团队层面的授权表现出来。[②]

二是授权行为能够显著提升团队绩效。[③] 研究者明确指出，这一过程可能会受到许多中介机制因素的影响，如上级的指示行为[④]、团

---

① Leach D. J., Wall T. D., Jackson P. R., "The Effect of Empowerment on Job Knowledge: An Empirical Test Involving Operators of Complex Technology", *Journal of Occupational and Organizational Psychology*, 2003, 76 (1); Sharma P. N., Kirkman B. L., "Leveraging Leaders: A Literature Review and Future Lines of Inquiry for Empowering Leadership Research", *Group & Organization Management*, 2015, 40 (2).

② Kirkman B. L., Rosen B., "Beyond Self - management: Antecedents and Consequences of Team Empowerment", *The Academy of Management Journal*, 1999, 42 (1).

③ Chen G., Kirkman B. L., Kanfer R., et al., "A Multilevel Study of Leadership, Empowerment, and Performance in Teams", *Journal of Applied Psychology*, 2007a, 92 (2); Magni M., Maruping L. M., "Sink or Swim: Empowering Leadership and Overload in Teams' Ability to Deal with the Unexpected", *Human Resource Management*, 2013, 52 (5); Hill N. S., Bartol K. M., "Empowering Leadership and Effective Collaboration in Geographically Dispersed Teams", *Personnel Psychology*, 2016; Kim M., Beehr T. A., "Self - efficacy and Psychological Ownership Mediate the Effects of Empowering Leadership on Both Good and Bad Employee Behaviors", *Journal of Leadership & Organizational Studies*, 2017, 24 (4).

④ Martin S. L., Liao H., Campbell E. M., "Directive Versus Empowering Leadership: A Field Experiment Comparing Impacts on Task Proficiency and Proactivity", *Academy of Management Journal*, 2013, 56 (5).

队学习[①]、团队沟通与团队心理授权[②]、团队决策行为[③]等。

三是团队层面工作满意度的提升会被团队层面的授权行为所影响。比如，从 Kirkman 和 Rosen[④] 的研究可以发现，属于授权风格的领导在进行企业管理时，往往从员工的管理角度入手去提高整个团队的工作效率。

四是属于授权风格的领导在对团队进行管理时，通常对相关行为和表现有一定的促进作用。比如，授权领导能力越强的管理越有利于提高整体团队合作效率[⑤]、团队层面的组织公民行为[⑥]、团队创造力[⑦]与团队知识分享行为[⑧]等。

（三）组织层面

从现阶段的研究结果来看，有一些科学研究提出，授权式领导在

---

① Lorinkova N. M.，Pearsall M. J.，Sims H. P.，"Examining the Differential Longitudinal Performance of Directive Versus Empowering Leadership in Teams"，*Academy of Management Journal*，2013，56（2）.

② Fong K. H.，Snape E.，"Empowering Leadership，Psychological Empowerment and Employee Outcomes：Testing a Multi - level Mediating Model"，*British Journal of Management*，2015，26（1）.

③ Srivastava A.，Bartol K. M.，Locke E. A.，"Empowering Leadership in Management Teams：Effects on Knowledge Sharing，Efficacy，and Performance"，*Academy of Management Journal*，2006，49（6）.

④ Kirkman B. L.，Rosen B.，"Beyond Self - management：Antecedents and Consequences of Team Empowerment"，*The Academy of Management Journal*，1999，42（1）.

⑤ Chen G.，Sharma P. N.，Edinger S. K.，et al.，"Motivating and Demotivating Forces in Teams：Cross - level Influences of Empowering Leadership and Relationship Conflict"，*Journal of Applied Psychology*，2011，96（3）.

⑥ Li N.，Chiaburu D. S.，Kirkman B. L.，"Cross - level Influences of Empowering Leadership on Citizenship Behavior：Organizational Support Climate as a Double - edged Sword"，*Journal of Management*，2017.

⑦ Hon A. H. Y.，Chan W. W. H.，Lu L.，"Overcoming Work - related Stress and Promoting Employee Creativity in Hotel Industry：The Role of Task Feedback from Supervisor"，*International Journal of Hospitality Management*，2013，33.

⑧ Amundsen S.，Martinsen O. L.，"Empowering Leadership：Construct Clarification，Conceptualization，and Validation of a New Scale"，*The Leadership Quarterly*，2014a，25（3）.

进行企业管理时有利于提高企业组织层面的结果变量，但在领导授权力与企业组织层面的相关研究还比较稀缺。不容否认的是，授权式领导力对组织绩效有着极大的推动作用。[①] 比如，Ensley 等[②]在研究创业团队时指出，授权式领导风格与初创企业的增长指数存在明显的正向关系。

授权式领导风格也有利于促进企业内部高管团队的工作效率。相关科学研究表明，企业 CEO 要想实施授权行为可以借助团队成员内部之间的日常交流和合作来进行，可以在有限的人力资源条件下达到实现企业绩效的目标。此外，还可以使整个企业高管团队管理一体化来实现管理目标，进一步在企业内部营造良好的授权氛围，以此来提升各层管理者的管理能力。[③]

由此可见，授权式的领导风格在对个人、团队与组织的企业管理方面都有极大的促进作用。更值得注意的是，这一领导风格对提升企业绩效有特别的助推作用，这一点在个人、团队和组织层面都得到了实证研究。此外，企业管理方面对授权式领导能力的提升还有很大的进步空间，尤以团队和组织反面可发挥的余地更大。授权式领导力对企业中的所有员工都有普遍意义上的影响和促进作用。[④] 与此同时，

① Ling Y. , Wei L. , Klimoski R. J. , et al. , "Benefiting from CEO's Empowerment of TMTs: Does CEO – TMT Dssimilarity Matter?", *The Leadership Quarterly*, 2015, 26 (6) .

② Ensley M. D. , Hmieleski K. M. , Pearce C. L. , "The Importance of Vertical and Shared Leadership within Bew Venture Top Management Teams: Implications for the Performance of Startups", *Leadership Quarterly*, 2006, 17 (3) .

③ Carmeli A. , Schaubroeck J. , Tishler A. , "How CEO Empowering Leadership Shapes Top Management Team Processes: Implications for Firm Performance", *The Leadership Quarterly*, 2011, (22 (2) .

④ Kim, M. , Beehr, T. A. , Prewett, M. S. , "Employee Responses to Empowering Leadership: A Meta – analysis", *Journal of Leadership & Organizational Studies*, 2018, 25 (3) .

个体层面所推出的结果变量同样在管理方面受授权行为的影响较大。[①] 因此，授权式管理领导能力在结果变量影响因素方面的深入研究十分必要。

二 消极影响

授权式领导力的正面影响在各个行业的管理层面均得到了实际认证，值得继续维持和弘扬，但事情发展通常都具有两面性，授权领导力的相关研究确实已经非常成熟，但是在积极影响出现的同时，也给企业所有的员工并不仅仅是下属员工都造成了一定的职业发展困扰。授权式领导力和结果变量之间存在的对企业的负面影响，几乎都会以倒“U”形曲线关系在企业管理的风范防范中出现。[②] 更值得关注的是，许多课题研究也明确指出授权式领导风格在一定条件下不如直接领导风格。比如，Lorinkova 等[③]的相关科学研究已经表明，企业内部的团队在起步时期，授权方式下管理的员工绩效不如直接方式管理下的员工绩效。

相关科学研究将以个体、团队和组织为划分层面去阐述这一领导风格或者方式下的副作用。

---

① Zhang X., Bartol K. M., “Linking Empowering Leadership and Employee Creativity: The Influence of Psychological Empowerment, Intrinsic Motivation, and Creative Process Engagement”, *Academy of Management Journal*, 2010, 53 (1).

② 尹奎、邢璐、汪佳：《授权型领导行为对员工任务绩效的非线性影响机制》，《心理科学》2016 年第 3 期。

③ Lorinkova N. M., Pearsall M. J., Sims H. P., “Examining the Differential Longitudinal Performance of Directive Versus Empowering Leadership in Teams”, *Academy of Management Journal*, 2013, 56 (2).

（一）个体层面

科学实验已经指出，授权式的领导风格会对企业员工所追求的个体绩效、满意度、情绪等几大方面产生不可忽视的巨大影响。第一，不计其数的实验证明，以授权方式为主的领导风格在很大程度上会造成工作绩效下滑。[①] 比如，Lee 等[②]的科学实验也已经说明，单位上级的授权行为和员工追求的工作绩效之间以倒“U”形曲线关系呈现，这一关系会在无形中加速员工懈怠情绪的养成。

第二，授权式领导力会降低职工的工作满意度。Chua 和 Iyengar[③] 提出，授权式领导力虽然在很大程度上给企业员工制造更多的职业上升选择性，但值得注意的是，太多的职业选择通常不利于提高员工的工作满意度，会滋生负面、消极的工作情绪。

第三，授权式领导力可能会给员工带来更大的工作压力。相关科学研究已经指出，授权式领导力的本质是提供或者创造一定的额外权利赋予他人，但同样也要求被授权者遵守一定制度下的行为规范，这在无形中给员工带来了许多压力。Cheong 等[④]的研究发现，这种方式下所产生的连锁反应会使员工所追求的企业绩效不断下降。

---

① 林美珍、罗忠恒：《授权型领导负面效应的形成机制：基于“过犹不及”理论》，《首都经济贸易大学学报》2017 年第 5 期。

② Lee S.，Cheong M.，Kim M.，et al.，“Never Too Much? The Curvilinear Relationship Between Empowering Leadership and Task Performance”，*Group and Organization Management*，2017，18（1）.

③ Chua R. Y. J.，Iyengar S. S.，“Empowerment through Choice? A Critical Analysis of the Effects of Choice in Organizations”，*Research in Organizational Behavior*，2006，25（3）.

④ Cheong M.，Spain S. M.，Yammarino F. J.，et al.，“Two Faces of Empowering Leadership：Enabling and Burdening”，*The Leadership Quarterly*，2016，27（4）.

第四，这种方式也会给员工带来与自身职位不相符的错误认知。[①]从 Humborstad 和 Kuvaas[②] 的实验中可以得出，当上级授权行为与员工所追求的预期不相匹配时，员工的内部动机会被降低，同时也造成角色模糊性的上升。学界所提出的自主性研究强调，给予员工较大的自主权会造成不必要的人事冲突和人力支出。[③]

（二）团队层面

对于团队工作而言，授权领导这一方式在团队内部也会有一定的消极影响。在这一大前提下，大多鼓励团队内部员工自行解决问题，但与此同时也会在各个成员之间进行干涉和交流，自然而然会有不必要的冲突和矛盾。[④] Jiang 等[⑤]提出，授权领导这一管理方式会额外造成团队中不必要的人事矛盾和冲突，从根本上来说无法提高团队的工作绩效。此外，团队合作中还受到各成员之间价值观的互相影响，自主权力较高的成员与权力较低的成员之间会产生不必要的工作冲突和矛盾。

---

① Hartline M. D. , Ferrell O. C. , "The Management of Customer – Contact Service Employees: An Empirical Investigation", *Journal of Marketing*, 1996, 60 (4) .

② Humborstad S. I. W. , Kuvaas B. , " Mutuality in Leader – subordinate Empowerment Expectation: Its Impact on Role Ambiguity and Intrinsic Motivation", *The Leadership Quarterly*, 2013, 24 (2) .

③ Gilboa S. , Shirom A. , Fried Y. , et al. , "A Meta – analysis of Work Demand Stressors and Job Performance: Examining Main and Moderating Effects", *Personnel Psychology*, 2008, 61 (2) .

④ 林美珍、罗忠恒:《授权型领导负面效应的形成机制：基于“过犹不及”理论》，《首都经济贸易大学学报》2017 年第 5 期。

⑤ Jiang X. , Flores H. R. , Leelawong R. , et al. , "The Effect of Team Empowerment on Team Performance: A Cross – Cultural Perspective on the Mediating Roles of Knowledge Sharing and Intra – group Conflict", *International Journal of Conflict Management*, 2016, 27 (1) .

（三）组织层面

对于组织工作而言，现阶段在授权领导对组织层面的相关影响方面的研究概论比较少。也有不少实验表明，许多企业以授权领导的方式对组织进行管理，并没有达到企业经营管理方案中想要实现的目标。Foster – Fishman 和 Keys[①] 进行深入实际的调查发现，员工内部的默契程度对授权领导这一方式管理下的绩效具有决定性作用，这种默契程度主要体现在以下三个方面：上级控制感、员工互信感、风险防范和承受能力。与此同时，文化对授权的概率影响也较大。假如企业内部的文化与授权领导方式不相符合，管理层就无法实现授权的目标和预期，不利于企业的实际发展。

（四）领导层面

对于授权者来说，授权行为同样存在一定的风险和隐患，这意味着授权者要将属于自身的内在权利分配给周边其他人或者自己所带的下属员工。[②] 所以授权行为对于授权者来说在一定程度上同样存在着不可估量的风险或者隐患。Forrester[③]在自身所撰写的文章中强调授权者一般为企业领导层中的中级干部，如果按照企业运行法则向下属员工分配其自身所具有的权力，那么中级干部难免会出现心理不平衡，进而影响到授

---

① Foster – Fishman P. G.，Keys C. B.，*The Inserted Pyramid*：*How a Well Meaning Attempt to Initiate Employee Empowerment Ran Afoul of the Culture of a Public Bureaucracy*，1995（10）.

② 杨英、龙立荣、周丽芳：《授权风险考量与授权行为：领导—成员交换和集权度的作用》，《心理学报》2010 年第 8 期。

③ Forrester R.，“Empowerment：Rejuvenating a Potent Idea”，*Academy of Management Perspectives*，2000，4（3）.

权真正的效果作用。学界其他研究也同样提出，这一领导风格在大体上会降低领导在员工内心的形象作用。Humborstad 和 Giessner① 提出，授权不平衡都会给员工或者领导的职业规划造成一定的影响，使双方之间丧失职业信任感。

杨英和龙立荣②曾经对授权领导这一方式进行了深入研究和分析，他们将这一方式带来的风险划分为三种类型，分别是任务绩效风险、权力地位风险、组织利益风险。他们还强调，这一行为方式所产生的影响会波及下属员工所被授权的职责范围。此外，上级领导如何授权、怎样授权会受到这一方式控制点的根本作用。而杨英等③在《心理学报》上发表的文章曾引起了学界的巨大轰动，这篇文章深刻表明上级领导与下属员工之间的关系在很大程度上对授权行为有着决定作用，上级领导通常习惯将权力分配给自己的下属而不愿给予其他领导的下属员工，存在分配上的歧视现象。

第七节 授权式领导力双面性的成因

从已有的研究成果中我们可以看出，授权式领导力也就是委任型领导力，它与许多影响因素之间的关系为倒“U”形曲线关系。④ 即该领导

---

① Humborstad S. I. W., Giessner S. R., "The Thin Line between Empowering and Laissez - faire Leadership: An Expectancy - match Perspective", *Journal of Management*, 2018, 44 (2).

② 杨英、龙立荣：《基于风险感知的管理授权实证研究》，《科学学与科学技术管理》2009 年第 3 期。

③ 杨英、龙立荣、周丽芳：《授权风险考量与授权行为：领导—成员交换和集权度的作用》，《心理学报》2010 年第 8 期。

④ Humborstad S. I. W., Giessner S. R., "The Thin Line between Empowering and Laissez - faire Leadership: An Expectancy - match Perspective", *Journal of Management*, 2018, 44 (2).

力具有双重性质，它可以促进工作绩效、提升员工对工作的认可程度等，但同时也会带来负面效应。

对于授权式领导力的正负双重性质，目前还没有一个明确的认识。有关授权式领导力消极影响的一些研究，引用了“好事过度”（Too Much of a Good Thing）的理论。[①]“好事过度”是指某些正向因素，比如主动性、信赖等，一旦超出了某一范围，就会产生消极影响。[②]不同研究者们在“好事过度”的基础上，提出了“过度赋权”（Too Much Empowerment）的概念[③]，即“权力过大”。换句话说，赋权的消极效应只有在“过度”以后才会发生，当它没有过度使用的时候，它只能起到正面的效果，而当它超出这个限度的时候，它就会有消极的影响。从数据的角度来看，领导权限与成果变量的关系可用倒“U”形曲线来表达。比如，Lee 等[④]认为，授权式领导力对雇员的业绩有两个方面的影响。在非超额的情况下，委任行为可以提高雇员的工作表现；但在突破关键点之后，随着任务权限的增加，绩效也随之降低。

同时有些研究者提出“双重路径理论”，以说明委托行为的消极作用。这些研究者相信，授权自身就是有积极的也有消极的，不会因为某

---

① 林美珍、罗忠恒：《授权型领导负面效应的形成机制：基于“过犹不及”理论》，《首都经济贸易大学学报》2017 年第 5 期。

② Grant A. M. , Schwartz B. , “Too Much of a Good Thing: The Challenge and Opportunity of the Inverted U”, *Perspectives on Psychological Science*, 2011, 6 (1) .

③ Lee S. , Cheong M. , Kim M. , et al. , “Never Too Much? the Curvilinear Relationship between Empowering Leadership and Task Performance”, *Group and Organization Management*, 2017, 42 (1) .

④ Lee S. , Cheong M. , Kim M. , et al. , “Never too Much? the Curvilinear Relationship Between Empowering Leadership and Task Performance”, *Group and Organization Management*, 2017, 42 (1) .

个边界值的存在而影响到它。在正向和负向共同作用的情况下，授权式领导力的双重性质将同时作用于结果变量。在这一方面，Cheong 等[①]研究表明，积极的授权式领导力可以提升员工的工作效率，从而使他们在工作中表现得更好；与此同时，授权式领导力可以通过消极的方式来提高雇员的工作压力，从而使其工作绩效下降。Hao 等[②]认为，授权式领导力能提高雇员的调和式热情与强迫式热情，进而对其绩效产生双重影响。前者是指事物本身吸引员工自发地去从事某项工作；而后者则是指个人因为工作需要、领导检查等外部原因，使其觉得自己有必要从事某些工作任务。授权式领导力对调和式热情的提高可以有效增加雇员的工作绩效及创造力，而对强迫式热情则会导致雇员低工作效率与较差的工作能力。

另外，也有研究人员对授权的限制条件进行了探讨。比如，Ahearne 等[③]对授权式领导力的积极影响进行了探索，并同步指出不是每个人都能从老板的委任行为中受益。这项研究指出，雇员“准备就绪”的程度对领导委任行为会产生不同的影响，以达到不同的效果。结果表明，对于还没有准备好的雇员，授权行为具有显著的积极效应，但对于一切准备就绪的雇员，其效果不显著。此外，也有学者认为，授权式领导力的

---

① Cheong M., Spain S. M., Yammarino F. J., et al., “Two Faces of Empowering Leadership: Enabling and Burdening”, *The Leadership Quarterly*, 2016, 27 (4).

② Hao P., He W., Long L. R., “Why and When Empowering Leadership Has Different Effects on Employee Work Performance: The Pivotal Roles of Passion for Work and Role Breadth Self-Efficacy”, *Journal of Leadership and Organizational Studies*, 2018, 32 (2).

③ Ahearne M., Mathieu J., Rapp A., et al., “To Empower or Not to Empower Your Sales Force? An Empirical Examination of the Influence of Leadership Empowerment Behavior on Customer Satisfaction and Performance”, *Journal of Vocational Behavior*, 2005, 31 (3).

授权行为产生的结果也与雇员对被委任的期望有关。*Forrester*[①] 指出，不管不顾、一味委任的方式，忽略了雇员的现实状况，是不应被采纳的，在进行赋权时要充分考虑到雇员是否需要以及他的能力是否可以胜任这项工作，有针对性地进行委任。Foster – Fishman 和 Keys[②] 指出，如果雇员不想要掌控感，那么无论公司授予多少权力都没有任何意义。Humborstad 和 Giessner[③] 认为，雇员对委任的期望程度会影响到雇员对授权式领导力的评估；Humborstad 和 Kuvaas[④] 的研究结果显示，如果领导者不能准确地理解雇员的委托期望，那么员工的角色模糊性便会有所提高。

第八节　小结

通过对现有文献的梳理，我们可以看出，授权式领导力是一项很有意义的课题，在此基础上，学术界对授权式领导力的本质进行了进一步的探讨，并研究出了各种可用于度量的工具，并对授权式领导力与其影响因素展开了大量的理论层面和实践层面的探索，探讨授权式领导力对员工任务绩效的影响程度以实现员工绩效最大化。

在国内外有关授权式领导力的研究中，对其双重性质进行了深入的

---

① Forrester R.，“Empowerment：Rejuvenating a Potent Idea”，*Academy of Management Perspectives*，2000，4（3）.

② Foster – Fishman P. G.，Keys C. B.，*The Inserted Pyramid*：*How a Well Meaning Attempt to Initiate Employee Empowerment Ran Afoul of the Culture of a Public Bureaucracy*，1995（10）.

③ Humborstad S. I. W.，Giessner S. R.，“The Thin Line detween Empowering and Laissez – faire Leadership：An Expectancy – match Perspective”，*Journal of Management*，2018，44（2）.

④ Humborstad S. I. W.，Kuvaas B.，“Mutuality in Leader – subordinate Empowerment Expectation：Its Impact on Role Ambiguity and Intrinsic Motivation”，*The Leadership Quarterly*，2013，24（2）.

探讨。授权式领导力通过释放手中的权力使员工掌握一定的能力，将跟随领导以外的权力和职责赋予雇员。本书认为，授权式领导力因其自身的特点，使得其实施的权力分配不一定是越多越好、只产生好的影响。在许多案例中，委派并没有给员工的绩效带来期望的激励，相反还会造成一些伤害。然而，当前学术界对授权式领导力的双重性质的原因尚无定论，许多问题尚待解决。

第五章　工作重塑

现代社会，随着经济、技术的高质量飞跃，企业所处的内外环境也随之产生了巨大的变革。许多专家把当今的社会称作“知识经济”的社会。20 世纪 90 年代出现该概念，其指该经济发展首要生产因素是知识[①]，而知识经济的核心就是技术，技术非常重要，在生产力诸要素中起着首要的作用；高科技在知识经济中的作用更加突出，成为影响产业发展的重要因素，引领着新一轮科技革命和产业变革，在新一轮科技革命的推动下，人工智能等新技术、新理念在全球兴起，为经济社会发展注入了新的动能。

与传统的经济发展模式相比，知识经济时代的企业和个人有何不同？对公司来说，首先，公司的竞争方式由产品之间的竞争转向了关键技术与科研人员的竞争，而先进知识与发达科技已成为公司继续向前的重要力量和关键因素。其次，企业自身的部门架构由过去的层级制变为现在的横向一体化、无严格界限的组织架构。在过去的社会中，

① 罗灵：《论发展知识经济与健全知识产权制度的关系》，《法制与社会》2011 年第 3 期。

企业的发展要求大量的员工不断重复地进行身体劳动。[①] 企业领导下的员工，只要按照公司的计划和管理要求，从一而终地进行工作就行，不需要主动地进行调整。但在知识经济社会，知识和掌握的方法都是不断变化的，公司更需要具有良好学习水平和工作水平的人才。因此，每个人必须对自己进行自我提高，以维持自身的积极性和灵活性，并不断增强自身适应不同工作的能力，以被广大公司选择。[②] 这种改变需要雇员在制订计划之前，积极地从下往上安排自身的工作，而非依靠企业对自身的安排，这个对自身工作由下至上的设计被称为“工作重构”（Job-crafting）。

第一节　工作重塑的发展回顾

Wrzesniewski 和 Dutton[③] 是最早提出来界限转变观工作重塑的理论模型的人。该理论认为，工作重塑是一种由三个激励因素所驱动的工作规划与工作情境，即通过对任务的范围、关系的范围以及认识的范围进行改变从而改变对自身工作的计划安排。三类不同的人会产生三种不同的驱动力，分别是提高对工作的掌控程度，防止出现不同于其他人的情况，打造向上的自身形象以及与别人进行交流。这三个基本驱动力要求每一个人都有可能重新塑造自己的工作。但是，在何种条件下，这些因

① 张传宝、张宁、李银飞：《知识经济下的企业经济管理创新研究》，《科技经济导刊》2019 年第 2 期。

② 王忠军、龙立荣：《知识经济时代社会资本与职业生涯成功关系探析》，《外国经济与管理》2005 年第 2 期。

③ Wrzesniewski A. , Dutton J. E. , “Crafting a Job: Revisioning Employees as Active Crafters of Their Work”, *Academy of Management Review*, 2001, 26 (2).

素会在现实生活中发挥作用，还有其他几个因素需要考虑，其中，有感知到的工作再创造机会，个人是否认可工作创造价值与可激励自身的条件。感知到的工作再创造机会与两个因素相关，即任务相关性以及企业对雇员工作的管制力度大小。前者是指自身的工作和别人工作之间的相关程度，当一个人的工作任务受他人影响程度大，自身单独完成不了，那么他人工作的改变就会对自身的工作产生较大影响。[①] 这就意味着自身的工作进度、安排都会受到别人的限制，很难做出什么变化，对工作进行再创造的可能性也将降低。所以，对他人工作依赖程度高的员工不能轻易实现对自身工作进行再创造。后者是指企业或经理对雇员的工作内容和完成期限等方面的管制，那些被管制较少的员工，则会争取到更多的再创造机会，并更有可能对工作进行重新设计。员工的价值观和激励倾向也会对其产生影响。Wrzesniewski 和 Dutton[②] 相信，即使是同样的工作，不同的价值观和激励条件对工作进行再创造的可能性也会有很大的差异。例如，对工作比较看重的雇员将更多地专注于工作，而非重新建立人际关系，这是因为他们认为工作和薪酬是紧密联系在一起的；注重职业发展的雇员更倾向于重新建立人际关系，与更有社会地位的雇员打交道，以提高自身在企业中的地位。与外部激励导向的人相比，内部激励导向的人可以更广泛地重新设计自己的工作安排。

Berg 等[③]在 2013 年对这一理论模型进行了分析，发现一些新想

---

① Scott, Richard W., "Organizations Rational, Natural, and Open Systems", *American Journal of Sociology*, 1987, 29 (1).

② Wrzesniewski A., Dutton J. E., "Crafting a Job: Revisioning Employees as Active Crafters of Their Work", *Academy of Management Review*, 2001, 26 (2).

③ Berg J. M., Duton J. E., Wrzesniewski A., "Jobcrafting and Meaningful Work", In B. J. Dik, Z. S. Byrne M. F. Steger (Eds.), *Purpose and Meaning in the Workplace*, Washington, D. C.: American Psychological Association, 2013.

法，从而使得对工作进行再创造更易于在实际中得到运用。首先，重新设计工作必须有某种心理上的先决条件，这就是个人要树立一种重新工作的心态。这种心态的根本信仰就是，雇员们认为他们的工作并不是一成不变的，而是能够由他们自己决定。其次，他们提出了工作重塑的方向，即个人可以从激励倾向、工作水平、热爱程度三个方面进行分析，评价工作与自身发展的适应程度，进而指导自己制定工作再创造的内容与具体安排，并随时掌握其进展状况。在此基础上，三人对工作任务重新设计的方法进行了详细说明，并提出了任务重新设计可通过添加、强调和进一步设计工作内容来实现。添加任务是把你认为有价值的事情添加到你的日常工作中。强调意味着可以将时间分配得更合理，向自身认为更具价值的工作投入更多的时间与关注度。进一步设计指对工作进行更深层次的改变以使工作更具价值。例如，在销售员通话时让学员在旁边听着，这样不仅能让他们的工作表现得更好，而且还能培训新员工，让他们的工作更加有意义。关系重构的方式包括新建、重建和调整关系三种。新建人际关系就是要和那些认识到自身工作价值的人员保持联系。例如，募捐者与接受帮助的人、医院打扫卫生的人员和患者。这一关系的形成能改变人员对工作重要性的认识。重新建立联系意味着雇员可以改变他们之间的关系，让他们更有意义。例如，校方管理者不再把他们和教师视为管理者和被管理者，而是经常与老师交流，了解他们的所需所想。调整关系是指向别人提供他们所需的帮助，以获得奖励和回馈。通过这样的交流，两者可以建立良好的合作关系，并在工作中共同进步，从而提高工作的重要性。对认知进行重构的方式有拓宽、专注和联系想法。拓宽想法是指把工作目标扩大，把工作看成一个整体来认识工作的重要性。例如，动物管理员不再把工作看成清洁、喂食等一系列简单程序，而是把琐碎工作综合在一起，升华其意义，这样，他们的工作内容就是爱护动物，而不只是一系列简单的工作。专注是指把精力放在对自己更有意义的工作上。雇员可能会在工作要求、人际关系与他们所感兴趣的事情上形成一种精神联系。

第二节　工作重塑的概念

随着世界经济与科技的飞速变革，工作环境的不确定性与复杂程度日益增加，过去认为对工作安排进行变革需要着重从上至下考虑，其设计的主要对象是企业的领导，一成不变的工作模式，没有充分考虑到员工的不同，因此很难实现对工作的再设计。第一，Wrzesniewski 和 Dutton[①] 从工作扮演者界限的观点出发，指出“雇员为使自己的激励倾向、爱好符合工作特点，从而使自己的工作性质发生变化”。第二，而 Bakker 和 Bal[②] 以需求—资源模式为依据，即 JD－R，将工作重新定义为“根据自身的能力和喜好调整工作需求和资源”，具体包括以下三个方面：扩大资源、提升工作难度和降低阻碍工作开展的安排。上述两种定义都是基于个人层面的，而 Leana 等[③]将这个观念进一步拓展，提出了团体层面的“协作工作重塑”，即员工在一起工作时对其做出的变化。

---

① Wrzesniewski A.，Dutton J. E.，“Crafting a Job：Revisioning Employees as Active Crafters of Their Work”，*Academy of Management Review*，2001，26（2）.

② Bakker A. B.，Bal M. P.，“Weekly Work Engagement and Performance：A Study among Starting Teachers”，*Journal of Occupational and Organizational Psychology*，2010，83（1）.

③ Leana C.，Appelbaum E.，Shevchuk I.，“Work Process and Quality of Care 76 in Early Childhood Education：The Role of Job Crafting”，*Academy of Management Journal*，2009，52（6）.

“工作再创造”在满足企业主控的方向上雇员可根据自己的需求和特点，对工作的展开方式、内容和人际关系进行重组，从而实现对工作的理想和认同感。①

总之，虽然以往学者对工作重塑的定义有多种解释，但大家都同意，工作重塑的本质是为了适应个体和团体的需要而积极地改变自己的工作思考方式和行为。对工作重塑的定义具有两个共性特征。第一，个人重新设计自己的工作以改进已有的工作。第二，工作重塑是一种由下而上的、积极的个人行为，有别于公司和领导从上到下为雇员安排工作。

第三节　工作重塑的类型

一　基于重塑内容进行划分

Wrzesniewski 和 Dutton② 根据重塑的内涵和对象界限的变化，将工作重塑分为三类——认识、联系和任务重构。其中，认识重塑是员工对原有的工作要求、内容等的观点发生了变化，从而认识到了工作的不同，从而创造了新的价值。③ 比如，在医院里，打扫人员可以把他们的工作看成给患者和他们的家人一个更清洁、更美丽的场所来帮助他们恢复健

① 胡睿玲、田喜洲：《重构工作身份与意义——工作重塑研究述评》，《外国经济与管理》2015 年第 10 期；王仁华：《工作重塑对工作繁荣的影响机制研究》，博士学位论文，华中师范大学，2018 年。

② Wrzesniewski A.，Dutton J. E.，“Crafting a Job：Revisioning Employees as Active Crafters of Their Work”，*Academy of Management Review*，2001，26（2）.

③ 胡睿玲、田喜洲：《重构工作身份与意义——工作重塑研究述评》，《外国经济与管理》2015 年第 10 期。

康。联系重塑是“雇员在工作中与人之间的联系、交往的品质和时间等发生变化”[①]。比如，负责销售的员工积极参与营销工作，与营销部门的同事进行沟通，以获得更多的市场信息。任务重构是“雇员在工作中提高或降低工作量，对工作规模和工作绩效等做出相应变化”[②]。由于单个任务是完成整体工作要求最简单的构成，所以雇员要完成每个特定的任务以满足工作要求。比如，教师在课堂上不仅要关注班级里的学生，还要关注他们的心理健康状况，并与他们进行私下的交流，减轻他们对考试产生的压力。

二　基于工作要求一资源重塑模型进行划分

Tims 和 Bakker[③] 以工作的需求为出发点，将对工作重塑分为对所需资源进行扩充以及降低和增加需求这三个方面。在此基础上，将资源分为结构层面、社会层面两种，需求分为高难度和降低阻碍因素两种，由以上四种重新定义工作重塑。[④] 其中结构层面指资源的种类与发展的机遇等、社会层面指获得政府的支撑与帮助等。拥有大量工作资源的工人一般都不会有太大的工作压力。不过，如果员工的工作资源不多，例如缺乏别人帮助的员工，他们会通过与同事的交流来获取更多的意见和帮助。高难度的工作需求是“如果雇员不满足于当前的工作现状，那么他

① 张春雨、韦嘉、陈谢平等：《工作设计的新视角：员工的工作重塑》，《心理科学进展》2012 年第 8 期。

② 胡睿玲、田喜洲：《重构工作身份与意义——工作重塑研究述评》，《外国经济与管理》2015 年第 10 期。

③ Tims M. , Bakker A. B. , “Job Crafting：Towards a New Model of Individual Job Redesign”, *SA Journal of Industrial Psychology*, 2010, 36 (2) .

④ Tims M. , Bakker A. B. , Derks D. , “Development and Balidation of the Job Crafting Scale”, *Journal of Vocational Behavior*, 2012, 80 (1) .

们就可以将自己的工作需求提升到一个新的高度，例如增加工作量，参与有意思的活动”。此外，“工作重塑”还容纳了“在工作中，满足人们对感情的需要，减少心理压力和身体上的要求，也就是减少阻碍工作顺利进行的干扰”①。根据 JD - R 的观点，雇员的工作重塑有两个不同的取向，一是积极，即积极地寻找响应，积极地学习以提高相关能力能等；二是降低，比如降低负面的人际关系、降低艰巨的工作等。Laurence② 认为两种类型的工作重塑也会产生不同的结果，积极性的工作重塑会给个体和企业带来正面的影响，而降低式的工作可能会对雇员自身带来正面影响，但对企业而言，则有可能给其带来一些负面的影响。

三　其他类型的划分标准

另一类划分标准就是参照重塑主体的数量。截至目前，有相关科学研究发现，工作重塑的主体既可以以单个个体为主体，也可以以整个团体为主体。这是因为企业内部的日常工作在大体上有很多的相似性，许多工作要通过互相合作才能完成。因此，在合作基础上完成的工作更会提高员工的积极性和主动性。但值得注意的是，企业内的大部分工作基本上难以独立完成，而是与周边同事的工作互相衔接的。从最新研究成果来看，在真实的工作环境中合作重塑所产生的工作作用大于个体重塑所产生的工作作用。

---

① 胡睿玲、田喜洲：《重构工作身份与意义——工作重塑研究述评》，《外国经济与管理》2015 年第 10 期。

② Laurence G. A., *Workaholism and Expansion and Contraction Oriented Job Crafting: The Moderating Effects of Individual and Contextual Factors*, Syracase University, 2010.

第四节　工作重塑的维度与测量

由于 Wrzesniewski 和 Dutton① 以及 Tims 等②对工作重塑概念内涵界定的差异，当前，在工作重塑这一方面关于测量研究和维度划分的相关研究都是根据以上二人对工作重塑概念内涵的界定不断展开的。

一　二维维度

Leana 等③从团队层面出发，给出了团队合作重塑的定义，同时以幼儿教师行业为具体典型，针对性地开发出了行业的二维工作重塑量表，包括个体工作重塑以及团队合作重塑两个维度。Vanbelle④ 则与之不同的是从全局出发整合出了一个总体的工作，从数量表看，这一方法主要是抓住工作重塑中的关键核心要素，从自我关注和自我启动两个角度对量表进行填写和考核。

二　三维维度

Wrzesniewski 和 Dutton⑤ 在对工作重塑进行概念定义时将工作重塑分

---

① Wrzesniewski A.，Dutton J. E.，"Crafting a Job：Revisioning Employees as Active Crafters of Their Work"，*Academy of Management Review*，2001，26（2）.

② Tims M.，Bakker A. B.，Derks D.，"Development and Balidation of the Job Crafting Scale"，*Journal of Vocational Behavior*，2012，80（1）.

③ Leana C.，Appelbaum E.，Shevchuk I.，"Work Process and Quality of Care 76in Early Childhood Education：The Role of Job Crafting"，*Academy of Management Journal*，2009，52（6）.

④ Vanbelle E.，*Job Crafting：An Overarching Approach*，Lirias：University of Kansas Press，2017.

⑤ Wrzesniewski A.，Dutton J. E.，"Crafting a Job：Revisioning Employees as Active Crafters of Their Work"，*Academy of Management Review*，2001，26（2）.

为三个维度，这三个维度主要包括关系、认知、任务，这三者的确定和考量对工作重塑的相关动机进行了很好的研究和界定，同时还涉及了工作意义上的归属感、人际关系上的维护感、自我形象上的塑造感，对每一个方面都进行了充分的考虑和研究。但值得深思的是，关于以上几个方面的工作重塑量表并没有进行跟踪和研究。紧接着，Ghitulescu[①] 在此基础上又对工作重塑的维度进行了重新划分和界定，使工作重塑量表再次出现，并且研究人员将这次的研究对象锁定为制造行业的相关员工，研究量表内容包括 54 个选题。此外，Slemp 和 Vella - Brodrick[②] 以 Wrzesniewski 为基础再次进行讨论和规划研究，并使量表选题缩减到 15 个，同时在维度划分方面与 Wrzesniewski 和 Dutton[③] 具有较高的相似性，每一个研究方向统统涉及五个选题，随后研究出的这一量表在可信度和操作方面有更好的实效性，并且这一量表已经在相关领域进行了普遍运用。

三　四维维度

Bakker 和 Tims[④] 聚焦要求—资源这一行业研究理论，对工作重塑的相关概念进行了再次更正，与此同时开发出了工作重塑的四维测量量表；工作重塑的研究从结构性、社会性、挑战性和阻碍性四个维度出

① Ghitulescu B. E.，"Shaping Tasks and Relationships at Work Examining the Antecedents and Consequences of Employee Job Crafting"，*The Degree of Thesis*，2006，27（3）.

② Slemp G.，Vella - brodrick D.，"The Job Crafting Questionnaire：A New Scale to Measure the Extent to Which Employees Engage in Job Crafting"，*International Journal of Wellbeing*，2013：3（2）.

③ Wrzesniewski A.，Dutton J. E.，"Crafting a Job：Revisioning Employees as Active Crafters of Their Work"，*Academy of Management Review*，2001，26（2）.

④ Bakker A. B.，Tims M.，Derks D.，"The Role of Job Crafting and Work Engagement：Proactive Personality and Job Performance"，*Human Relations*，2012，65（10）.

发，这一量表增加了研究维度但是缩减了研究选题，将选题确定为 21 个，并且与前面相比，这一量表在实用性方面更强。

四　五维维度

以 Bakker 和 Tims 的研究为基础，Nielsen 和 Abildgaard① 对最新的工作重塑量表进行了测验，将研究对象锁定到蓝领工人群体，同时在四维的基础上开发出了一个五维角度重塑量表，主要方法是在工作方面增加挑战性、减少阻碍性、减少社会性、增加社会性、增加工作量，最新所开发出的五维量表也同时将选题压缩到 15 个。不仅如此，国内学者齐亚静和伍新春②将研究对象锁定到教育行业的中小学教师，对这一群体进行了相关问卷调查或当面访谈，有针对性地研究出了教育行业的五维量表。五维所涉及的五个角度分别是角色、技能、认知、关系和任务，这一选题量又确定为 22 个。王忠等③对扎根理论展开讨论，将话题度转移到知识型员工群体上，同样也可以开发出行业相关的五维重塑工作量表，针对这一行业所讨论的五维主要是同事客户关系、组织领导关系、任务关系、能力关系、认知关系，针对这一行业所探究出来的量表在选题方面确定为 22 个，且这一量表在这一行业同样有较高的实用度。

---

① Nielsen K.，Abildgaard J.，"The Development and Validation of a Job Crafting Measure for Use with Blue－Collar Workers"，*Work and Stress*，2012，6（4）.

② 齐亚静、伍新春：《中小学教师工作重塑问卷的编制》，《心理行为研究》2016 年第 4 期。

③ 王忠、陈晗、黄倩倩：《知识型员工工作重塑问卷开发研究》，《科技进步与对策》2019 年第 2 期。

◇◇第五节　工作重塑的相关研究

一　工作重塑的前因变量研究

截至目前，许多业界研究学者大多都是从个人和组织这两个角度对影响工作重塑的前因变量进行分析和讨论。

（一）个人层面

经过研究和讨论发现，员工通常为了自身的发展进行工作重塑的可能性更大，通常表现为积极运用某些方法和手段、通过正当渠道改善自己当前的工作状态。第一，自我效能感。Clegg 和 Spencer① 经过了长期探索，发现工作重塑与自我效能方面有着完美的正向关系，所以发挥主观能动性去提高自我效能感，更能提高工作重塑感。Wrzesniewski 和 Dutton② 从理论角度出发指出，员工进行工作重塑时受多种内在机制的影响和决定。

第二，工作取向、职业取向和使命取向。员工在工作中所保有的使命感、职业感、工作感也会在一定程度上对工作重塑的相关动机产生较大的影响。

第三，职业生涯阶段。相关研究学者指出，企业员工处于不同的职

① Clegg C.，Spencer C.，"A Circular and Dynamic Model of The Process of Job Design"，*Journal of Occupational and Organizational Psychology*，2007，80（2）.

② Wrzesniewski A.，Dutton J. E.，"Crafting a Job：Revisioning Employees as Active Crafters of Their Work"，*Academy of Management Review*，2001，26（2）.

业生涯阶段对工作重塑也有着较大的差异。[①]

第四，调节焦点。调节焦点作为一个新颖的名词，通常从机会和维稳两个角度对工作重塑的动机进行研究，将这一新颖的名词进一步细分为促进焦点和预防焦点两种状况，分别对应的目标是抓住机会、实现稳定，但是这两种状况在发挥作用时有不同的得分系统。与此同时，Hetland 等[②]发现，如果某一时段的工作性质属于促进焦点这一特点，那么通常企业管理上的变革型领导对下属员工的工作重塑影响更大、范围更广。再如 Lichtenthaler 和 Fischbach[③] 指出，调节焦点和企业的工作一致程度上存在明显的准确的正向关系。

第五，心理资本。Cenciotti 等[④]将研究群体扩大为 349 个大型服务机构中的中级管理人员，对他们的心理倾向和工作重塑的感觉进行调查和追踪。

第六，人口统计学。Rudolph 等[⑤]的 Tims 和 Bakker[⑥] 将相关理论进行结合讨论发现，一些客观因素对工作重塑的影响可能会更大，比如员

---

① 毛翠云、杨娜：《基于计划行为理论的工作重塑行为影响因素的综合模型》，《中国集体经济》2020 年第 34 期。

② Hetland J.，Hetland H.，Bakker A. B.，et al.，"Daily Transformational Leadership and Employee Job Crafting：The Role of Promotion Focus"，*European Management Journal*，2018，36（6）.

③ Lichtenthaler P. W.，Fischbach A.，"Job Crafting and Motivation Tocontinue Working beyond Retirement Age"，*Career Development International*，2016，21（5）.

④ Cenciotti R.，Alessandri G.，Borgogni L.，"Psychological Capital and Career Success Over Time：The Mediating Role of Job Crafting"，*Journal of Leadership & Organizational Studies*，2017，24（3）.

⑤ Rudolph C. W.，Katz I. M.，Lavigne K. N.，et al.，"Job Crafting：A Meta – analysis of Relationship with Individual Difference Job Characteristics and Work Outcomes"，*Journal of Vocational Behavior*，2017，102.

⑥ Tims M.，Bakker A. B.，"Job crafting：Towards a New Model of Individual Job Redesign"，*SA Journal of Industrial Psychology*，2010，36（2）.

工的年龄和任期情况。而关注度较高的学历情况对工作重塑在一定程度上会产生极为明显的正向影响。

（二）组织层面

企业中领导层的管理风格对员工也有较大的影响。侯昭华和宋合义[①]研究发现，悖论式的领导风格反而能给下属员工较大的决策自主权，也有利于员工工作重塑的正向树立。同样的变革式的领导在对下属员工树立榜样范围能够发挥很好的作用，也会自发地在企业内部产生一种模范效应。[②] 孙倩和张博[③]指出，在工作中自尊心强的员工通常会采取一定的方法在合法的情况下改善自己的工作处境和工作环境。[④] 此外，工作完成情况和员工所处的岗位级别通常也会对工作重塑产生一定的影响，且可以表现出一种极强的正向关系。如果一个下属员工的级别越高，那么在工作中重塑的可能性就更大。组织变革也会影响员工工作重塑。[⑤] Kira 等[⑥]提出，员工对于工作的适应能力通常可以通过工作重塑的感觉来反映，企业所倡导的工作重塑一定程度上可以提高员工对组织的适应能力和变换能力。同时，领导方式作为一种重要的情境因素对于员工工

---

① 侯昭华、宋合义：《工作复杂情境下悖论式领导对员工工作重塑的影响研究》，《预测》2021 年第 1 期。

② 郭欣：《变革型领导对员工工作重塑的影响机制研究》，《现代商业》2020 年第 22 期。

③ 孙倩、张博：《知识型员工工作重塑的溢出效应：以谦逊型领导为前导》，《牡丹江师范学院学报》（社会科学版）2020 年第 1 期。

④ 何文心、刘新梅：《建设性争辩、真实型领导对工作重塑与创新的影响》，《软科学》2021 年第 1 期。

⑤ Kira M.，Eijnatten F. M. V.，Balkin D. B.，"Crafting Sustainable Work：Development of Personal Resources"，*Journal of Organizational Change Management*，2010，23（5）；Petrou P.，Bakker A. B.，"Crafting one's Leisure Time in Response Tohigh Job Strain"，*Human Relations*，2016，69（2）.

⑥ Kira M.，Balkin D. B.，San E.，"Authentic work and Organizational Change：Longitudinal Evidence from a Merger"，*Journal of Change Management*，2012，12（1）.

作重塑也有一定的影响。① Wang 等②的科学研究证实了 Piccolo 和 Colquitt③ 的观点，如果企业管理层的领导属于变革型管理方式，那么员工就会在工作中更好地发挥主观能动性和积极创造性。与此同时，对员工领导的风格进行了延伸研究，发现服务型、授权型的管理领导风格更能促进工作重塑。④ Petrou 等⑤进行的相关实验研究也指出，企业定向培养的员工在出现风险隐患时更愿意去增强自身的挑战性，如果企业能在员工培养方面重点关注定向员工的工作重塑，企业将会拥有高质量的组织变革和高效的组织资源利用率。更值得关注的是，这一行业研究并不单纯受工作环境和个人情感喜好的影响，而是多重因素相互作用的结果所形成的。

（三）环境层面

结合过去许多学者的相关研究发现，企业的客观环境因素也会对工

---

① Esteves T.，Pereira Lopes M.，"Leading to Crafting：The Relation between Leadership Perception and Nurses' Job Crafting"，*Western Journal of Nursing Research*，2017，39（6）；Mäkikangas A.，Bakker A. B.，Schaufeli W. B.，"Antecedents of Daily Team Job Crafting"，*European Journal of Work and Organizational Psychology*，2017，26（3）.

② Wang H. J.，Demerouti E.，Le Blanc P.，"Transformational Leadership，Adaptability，and Job Crafting：The Moderating Role of Organizational Identification"，*Journal of Vocational Behavior*，2017，100.

③ Piccolo R. F.，Colquitt J. A.，"Transformational Leadership and Job Behaviors：The Mediating Role of Core Job Characteristics"，*Academy of Management Journal*，2006，49（2）.

④ Thun S.，Bakker A. B.，"Empowering Leadership and Job Crafting：The Role of Employee Optimism"，*Stress and Health*，2018，34（4）；Kim M.，Beehr T. A.，Prewett M. S.，"Employee Responses to Empowering Leadership：A Meta - analysis"，*Journal of Leadership & Organizational Studies*，2018，25（3）；Rudolph C. W.，Katz I. M.，Lavigne K. N.，et al.，"Job Crafting：A Meta - analysis of Relationship with Individual Difference Job Characteristics and Work Outcomes"，*Journal of Vocational Behavior*，2017，102.

⑤ Petrou P.，Demerouti E.，Schaufeli W. B.，"Crafting the Change：The Role of Employee Job Crafting Behaviors for Successful Organizational Change"，*Journal of Management*，2018，44（5）.

作重塑产生较大的影响，主要从以下几个方面体现出来。

1. 工作任务特点（Work Characteristics）

Wrzesniewski 与 Dutton[①] 提出，工作任务本身的一些特点也会在很大程度上激发员工的工作重塑行为。比如，工作任务的独立性。在员工的工作任务相对独立、彼此之间工作任务的相关影响较小的情况下，员工可能更愿意或更容易调整自己的工作；相反地，如果某一员工的工作任务与周边同事的工作有着较大的关联性，那么这个员工就很难做出工作重塑上的改变。[②] 此外，本身的内在性质也会对员工工作重塑产生较大的影响。[③] 还有理论指出，员工的自主性、自由裁量权等相关主要因素的影响更大、更深远。[④] Petrou 等[⑤]研究发现，如果企业员工在某一时期的工作压力和工作量都比较大，那么员工也会积极主动地去挖掘资源进行工作重塑。

2. 层级（Class）

相关理论已经证实，员工的公司职级与工作重塑在一定程度上没有直接的关系，但是员工在工作过程中所面对的工作挑战、工作方式对工

① Wrzesniewski A. , Dutton J. E. , "Crafting a Job: Revisioning Employees as Active Crafters of Their Work", *Academy of Management Review*, 2001, 26 (2).

② 王仁华:《工作重塑对工作繁荣的影响机制研究》，博士学位论文，华中师范大学，2018 年。

③ Ghitulescu B. E. , *Shaping Tasks and Relationships at Work Examining the Antecedents and Consequences of Employee Job Crafting*, *the Degree of Thesis*, University Pittsburgh, 2006.

④ Wrzesniewski A. , Dutton J. E. , "Crafting a Job: Revisioning Employees as Active Crafters of Their Work", *Academy of Management Review*, 2001, 26 (2).

⑤ Petrou P. , Demerouti E. , Schaufeli W. B. , "Crafting the Change: The Role of Employee Job Crafting Behaviors for Successful Organizational Change", *Journal of Management*, 2018, 44 (5).

作重塑却有一定的细分影响。[①]。如果某一员工的职级较低，那么其在工作中的自主权就一定较小；员工若想要进行工作重塑，那就一定会受到工作中主客观环境的影响，环境因素才会逼迫员工进行自我寻求资源以此来提高或者改善自己当前的工作处境或者状态。所以不难得出，如果员工的岗位职级在公司内部较低，那么其在工作重塑方面的上升空间就比较大。

二 工作重塑的结果变量研究

许多国外学者在研究影响工作重塑的结果变量方面主要聚焦于员工的个体感受、工作中的工作绩效、工作完成时的投入程度、员工的日常行为、员工所处的人际关系等几个方面，且经过研究得出的结论是，积极影响大于消极影响。

（一）个体感受

有相关研究表明，如果进行工作重塑这一步骤会对企业内部的员工产生较大的影响，分别是改变工作意义、改变工作身份、收获积极体验、感受消极体验这四种不一样的收获。相关学者已经遍布国内外都表明，进行工作重塑有利于员工的个人发展。Tims 和 Bakker[②] 也在一定程度上指出，进行工作重塑，有利于产生提高员工当前工作现状的适配度、提高工作收入等一系列倾向积极的工作结果。与此同时，

① 张春雨、韦嘉、陈谢平等：《工作设计的新视角：员工的工作重塑》，《心理科学进展》2012 年第 8 期。

② Tims M.，Bakker A. B.，“Job crafting：Towards a New Model of Individual Job Redesign”，*SA Journal of Industrial Psychology*，2010，36（2）.

Tims等[1]后续所进行的一系列研究证明，如果能进行工作重塑将在很大程度上提高员工的工作满意度。

（二）工作绩效

Tims 和 Bakker[2] 提出，如果能够开展工作重塑这一环节，也会不断提高公司的管理能力、经营效率，从而从根本上降低公司的人员流动。刘云硕等[3]通过一系列实验证明，工作重塑会提高员工的积极性和主动性，还有其他学者也对这一结论进行了再度验证，提出进行工作重塑可以从很大程度上实现企业和员工之间的双赢。[4] 此外，已有跨国实验经过研究发现，如果员工能够借助工作重塑来降低工作带给员工的压力和焦躁情绪，会在很大程度上逐渐提高公司的经营效率和管理能力。[5]

（三）工作投入

工作重塑可以预测员工的工作投入。但不同的工作重塑行为可能对工作投入产生差异化的影响。如果将这一维度进行细致划分，所有维度

---

① Tims M.，Bakker A. B.，Derks D.，"Examining Job Crafting from an Interpersonal Perspective：Is Employee Job Crafting Related to the Well - being of Colleagues?"，*Applied Psychology An International Review*，2015，64（4）.

② Tims M.，Bakker A. B.，"Job Crafting：Towards a New Model of Individual Job Redesign"，*SA Journal of Industrial Psychology*，2010，36（2）.

③ 刘云硕、叶龙、郭名：《中国情境下工作重塑对员工创造力的影响研究》，《软科学》2019 年第 33 期。

④ Adam M. Grant，"Relational Job Design and the Motivation to Make a Prosocial Difference"，*The Academy of Management Review*，2007，32（2）.

⑤ Mattarelli E.，Tagliaventi M. R.，"How Offshore Professionals' Job Dissatisfaction Can Promote Further Offshoring：Organizational Outcomes of Job Crafting"，*Journal of Management Studies*，2015，52（5）.

里面的结构性、社会性、挑战性、阻碍性这四个有关的维度可能会对工作效率有不同的影响，不过相关研究仍然还没有达成相同的意见。Bakker 等[①]的研究首先用定量的方式证实了工作重塑维度的有效性，通过这一方式发现，与阻碍性相关的工作在工作重塑方面并没有多大的关系，而与之相关的另外三个维度在工作重塑中则显示为有着直接的反向关系。许多业界学者对此的解释是，可能使用的研究方法不同所形成的结果也大有差异。Petrou 和 Bakker[②] 相关研究人员以工作重塑的动机相关性和工作重塑的客观环境为出发点，将研究对象聚焦到 95 名企业内部的相关人员，并进行为期 5 天的跟踪和调查。经过跟踪和调查以后发现，工作资源的投入和每天工作所具备的挑战性在很大程度上存在明显的正向关系，然而减少阻碍性工作要求与工作投入却有着显著的负向关系。如果观察其每日的日常工作行为或者表现，会发现，其向工作岗位上的资源投入和企业员工日常的相关行为表现在工作重塑方面有着十分密切的关系；如果员工在工作资源和工作挑战中形成搭桥关系，员工自然而然就会在自己的工作岗位上投入更多。如果员工在某一时期想要辞掉自己当前的本职工作，也会想方设法减少与工作有关的一切资源的投入，与此同时员工也会减少上述四个维度的精力和些许投入，对当前手头的工作没有更高的积极性和主动性。也有相关研究指出，如果某一员工在面对自己本职工作岗位时面临较大的挑战性和压力，那么这个员工就会在完成这一本职工作岗位上要求更少的资

---

① Bakker A. B. , Tims M. , Derks D. , “The Role of Job Crafting and Work Engagement: Proactive Personality and Job Performance”, *Human Relations*, 2012, 65 (10) .

② Petrou P. , Bakker A. B. , “Crafting one's Leisure Time in Response to High Job Strain”, *Human Relations*, 2016, 69 (2) .

源投入和公司投入。Tims等[①]从个体角度到团体角度进行考量，阻碍性这一维度会从不同程度上对员工的工作投入造成一定的损耗和消费。与此同时，还提出阻碍性维度的设置也会在一定程度上阻止个人目标、职业目标的实现或达成，在很大程度上给企业内部的个体员工造成一定的职业压力和生活困境，但是如果不设置阻碍性这一维度就无法对工作重塑进行研究和讨论。Harju 和 Bolen[②] 从不同角度发现，如果能在工作中通过工作挑战性来增强员工对本职工作岗位的投入，也会在不同程度上对工作重塑这一环节进行依次推进；相反地，如果无法将工作中产生的压力转化为进行工作重塑的目标动力，那么这一研究对工作重塑的讨论也就没有任何理论意义和现实意义。[③]

杨建春和毛江华[④]研究表明，企业如果选择工作重塑这一环节，那么在创新服务行为相关领域对管理层中授权型的领导风格具有更大的促进作用。田启涛[⑤]提出，在管理层中如果上级属于服务型的领导风格，也会大概率促进下属员工通过岗位认知动机对自身的工作重塑这一环节进行激励和弥补。

王杏珊[⑥]把职业发展看作中介变量，不断聚焦工作重塑对日常工作资源中相关投入的影响进行研究和讨论，从更大程度上发现，如果能够

① Tims M., Bakker A. B., Derks D. et al., "Job Crafting at the Team and Individual Level", *Group Organizalion Management*, 2013, 38.

② Harju, B. L., Bolen, L. M., "The Effects of Optimism on Coping and Perceived Quality of Life of College Students", *Journal of Social Behavior and Personality*, 1998, 13 (2).

③ 刘云、杨东涛、安彦蓉：《挑战性—阻碍性压力与工作幸福感关系研究：基于工作重塑的中介作用》，《当代经济管理》2009 年第 8 期。

④ 杨建春、毛江华：《授权型领导对酒店员工创新服务行为的影响研究》，《软科学》2019 年第 11 期。

⑤ 田启涛：《服务型领导唤起员工工作重塑热情机制研究》，《软科学》2018 年第 6 期。

⑥ 王杏珊：《工作重塑对工作投入的影响研究》，博士学位论文，华南理工大学，2017 年。

减少工作中的阻碍性，就会在一定程度上对已投入的资源起到正向的促进和保障作用。Schuler 等①将研究周期确定为 2007—2017 年十年间，经过一系列的调查发现，如果能够在很大程度上减少工作中的阻碍性，也会与工作投入显著正相关，但是在真实的工作环境中个体工作者是无法减少工作带来的阻碍的，只有团体工作者通过合作和交流才能减少工作中的阻碍。因为对于团队而言，他们认为自己是有责任的，并且会作出努力和付出，为了团队关系更加融洽，所以他们在自己的本职范围内是不会主动要求降低自身所负责的工作强度性的，会在日常工作中通过一些难以抉择的决定，尽量自己完成，以此来减少带给他人的相关工作上的麻烦。总而言之，对于相同的工作再次投入的资源根本不会大幅缩减。

（四）员工行为与表现

Cheng 等②将目标锁定到 355 名旅行社中的领队进行研究，不去调查协作性和个性化对工作重塑的影响，而是将其细分到工作中，即对员工情感的归属感、组织上的管理能力、工作表现上的强度进行深入探究和分析。刘云硕等③在本土化研究中也得到了一致的结论。与此同时，还深入挖掘了心理授权对工作重塑中不同维度的影响和研究。刘淑桢等④

---

① Schuler B. A., Binnewies C. P. C. B. Ürkner, "The Relationship Between Job Crafting, Work Engagement, and Perfomance: A Meta - Analysis", 2019.

② Cheng J. - C., Chen C. - Y., Teng H. - Y., et al., "Tour Leaders' Job - crafting and Job Outcomes: The Moderating Role of Perceived Organizational Support", *Tourism Management Perspectives*, 2016, 20.

③ 刘云硕、叶龙、郭名：《中国情境下工作重塑对员工创造力的影响研究》，《软科学》2019 年第 5 期；王杏珊：《工作重塑对工作投入的影响研究》，博士学位论文，华南理工大学，2017 年。

④ 刘淑桢、叶龙、郭名：《工作不安全感如何成为创新行为的助推力》，《经济管理》2019 年第 1 期。

通过一系列有力的实验来证明，工作重塑对工作环境中员工的创新创造能力进行影响和探索，并科学地提出工作重塑可以影响员工的日常工作行为和相关公民决策行为。[①] 也有研究表明，能够更加从容地应对组织变革过程的人大多数是那些能够主动进行工作重塑的员工。[②] 赵小云和李福华[③]将目光锁定到教育行业的中小学教师规模群体，经过深入调查发现，如果在工作重塑这一环节增加工作挑战性和阻碍性能够在很大程度上促进职业规划的成功。

第六节 工作重塑的干预方案

许多研究者在要求—资源理论的基础上制订出了两种战略方案。

一 基于界限转变观的工作重塑练习

密歇根大学商学院的积极学术组织中心基于 Berg 等[④] 2013 年完善的工作重塑模型，对此进行深入研究并制定出了相关的指导指南，旨在帮助员工从合适的角度去进行工作重塑，让员工在客观的工作环境中将动机、能力、激情联动起来，实现高效的工作目标。在这一练习模型中分为三个环节。第一环节，勾勒任务结构图，让员工自行评价在当前工作

① Bavik A., Bavik Y. L., Tang P. M., "Servant Leadership, Employee Job Crafting, and Citizenship Behaviors: A Cross-Level Investigation", *Cornell Hospitality Quarterly*, 2017, 58 (4).

② Petrou P., Bakker A. B., "Crafting One's Leisure Time in Response to High Job Strain", *Human Relations*, 2016, 69 (2).

③ 赵小云、李福华：《中小学教师的组织支持感、工作重塑与主观职业的关系》，《教师教育研究》2019 年第 2 期。

④ Berg J. M., Duton J. E., Wrzesniewski A., "Job Crafting and Meaningful Work", In B. J. Dik, Z. B. Byrne, M. F. Steger Eds., *Purpose and Meaning in the Workplace*, American Psychological Association, 2013.

中的工作具体表现和具体行为，并根据此环节分为三个细分种类，分别是占据最多时间的、占据最少时间的、处于两者之间的，这三个小部分主要是帮助员工个人了解自己当前所处的工作现状和环境；第二环节，绘制出完整的任务结构图，员工根据自己当前的工作模式，通过折线、曲线图分析自己在当前工作中的激情、能力和工作动机；第三环节，制订行动目标计划，在第二环节的基础上通过理想的任务结构图制定企业内部员工在这一本职工作岗位上应该设定的短期目标、长期目标，并针对每一个目标制定具体的规划策略。总而言之，这一战略方案在企业的真实工作环境中已经达到了预期的工作效果，从很大程度上来说，已经趋于成熟和完美。①

二　基于工作要求—资源观的工作重塑干预

这一干预方法借助了资源模型和社会认知理论两种工作要求。在干预工作开始之前，研究人员先要进行访谈工作，目的是确保能和管理者、参与者达成互相满意的条件。在干预工作正式开始之后，参与者会接受培训、重塑以及反馈三个阶段的课程，分别占据的时间周期为一天、四周和半天。在培训过程中，参与者们会从培训师的课程中了解并学习到关于工作重塑背后的理论知识，然后参与者会对自身拥有的任务、具备的要求和资源的情况进行简单的陈述；培训师会给参与者们讲述一些关于工作重塑的相关案例，参与者们便能够通过这些成功案例借鉴到某些经验，从而对自身的重塑计划进行完善。参与者们需要在资源的寻找、挑战的寻找以及要求的降低三个方面对重塑计划进行完善和调

① 田喜洲、刘美玲：《基于个体优势的工作重塑》，《心理科学进展》2017 年第 9 期。

整。在重塑的过程中，参与者们主要是在自身已有的计划基础上进行细致的调整，并且定时查看自己的计划，争取做到比前一周有更多的进步和突破。在反馈过程中，参与者们会参加一个专门的反馈会，在这个会议上，他们能够与其他参与者相互交流自身的重塑计划，并且能够互相探讨相关的重塑经验，这有利于他们更好地解决自身所遇到的问题，也从根本上鼓励了员工能够更加积极地参加工作，提升了他们的工作意义感。Vanden 等①两位学者发现了以上干预方案可以在两个方面，即发展机会和交流机会方面增加工作资源的丰富性，以及在自我效能感方面增加个人资源的多样性。

三　基于整合视角的工作重塑干预

Van Wingerden、Bakker 和 Derks② 三位学者共同合作，将以上两种干预方案进行了融合，所以干预方案的整个流程被分为四个阶段，分别是学习、计划、执行和反馈阶段。员工在各个阶段都会被分配相对应的学习计划。比如在学习阶段，员工就被要求在界限转变观的基础上对自身的工作重塑进行正确的目标确立；在计划阶段，员工被要求在工作要求如资源观等方面的基础上对工作重塑进行计划的制订和完善等；在执行和反馈阶段主要内容基本与计划阶段一致。从实践效果来看，整合后的干预方案对员工起到了很大的鼓励作用，员工在工作投入方面的热情明显得到了提升。从以上所提到的干预方案中，我们可以得知重塑动机

---

① Vanden Heuvel M.，Demerouti E.，Peeters M. C. W.，"The Job Crafting Intervention: Effects on Job Resources，Self – Efficacy，and Affective Well – Being"，*Journal of Occupational & Organizational Psychology*，2015，88（3）.

② Van Wingerden，J.，Bakker A. B.，Derks，D.，"The Longitudinal Impact of a Job Crafting Intervention"，*European Journal of Work and Organizational Psychology*，2016（1）.

的激发、重塑认知的形成[①]、重塑行为的养成以及重塑习惯的维持在工作重塑过程中占有重要的地位。在整个干预方案中，重塑行为的培养是最终的目标，占有主导地位。重塑动机的激发和重塑认知的形成是整个干预方案的基础，二者决定了重塑行为最终的走向。所以也是较为重要的。[②] 而重塑习惯的维持是在整个干预方案完成之后，才会凸显出其作用，所以这一部分也需要受到同等重视。[③]

第七节　小结

通过对文献的整理可以发现，工作重塑在组织与个人发展中一直都是较为热门的讨论话题。随着工作重塑的内涵被不断地分析和挖掘，现如今已经发明出了多样化的工具来对工作重塑进行更深层次的分析与开发，并且现在已经将研究方向延伸到了工作重塑与其他变量之间的关系的研究中去，这为工作重塑的各方面理论和研究增添了多样性和丰富性。

---

① Berg J. M. , Duton J. E. , Wrzesniewski A. , "Job Crafting and Meaningful Work", In B. J. Dik, Z. S. Byrne, M. F. Steger Eds. , *Purpose and Meaning in the Workplace*, American Psychological Association, 2010.

② 徐长江、陈实：《工作重塑干预：对员工工作自主性的培养》，《心理科学进展》2018年第8期。

③ Vanden Heuvel M. , Demerouti E. , Peeters M. C. W. , "The Job Crafting Intervention: Effects on Job Resources, Self-efficacy, and Affective Well-being", *Journal of Occupational & Organizational Psychology*, 2015, 88 (3).

第六章　工作安全感

在飞速发展的科学技术和经济全球化的背景下，企业组织不得不面临着运营市场在科技人才等方面越来越激烈的竞争现状，所以企业如果想要在竞争方面体现出自身的优点，就必须要在生产运营成本上进行缩减，并且要及时进行技术的创新，在员工方面要采用优胜劣汰的精简模式，在业务方面进行外包、重组、并购等多样化的运营方法。[①] 虽然企业的变革能够在一定程度上为企业展现出自身的优势，但这些变革难免会对员工产生相关的消极情绪，比如自身的工作是否会受到影响、工作是否稳定。员工在这些变革中时常会感到没有安全感，所以他们在工作中就会分心，这对企业组织是有着不良影响的。缺乏安全感的员工不限于最底层的员工，从调查结果来看，某些中高层的员工也会出现相关的安全感缺乏。缺乏安全感会对员工的生理和心理健康都产生不同程度的影响，员工甚至会因此怀疑公司对自己的组织承诺，从而改变自己的工作态度或选择离职，最终不但会导致员工绩效受到影响，企业也会因此

---

① 崔新鹏、宋兆岩：《工作不安全感研究及其对人力资源管理的启示》，《企业导报》2012 年第 2 期。

受到各方面的打击。无论这些消极影响是暂时的还是长期的，研究者和相关的企业管理者都应该重视员工的情绪变化，要通过各方面的措施来使得员工重获安全感。现如今如何获得工作安全感已经成为某些国家心理研究专家的研究方向。在我国，工作安全感也逐渐受到重视，但重视程度远远不够。从长远来看，如果企业想要让员工拥有充足的工作安全感，就必须在工作安全感研究的道路上继续前行，这对于企业和社会甚至整个国家都有着重要的意义。

第一节　工作安全感的概念

安全感存在于人的意识当中，具有主观性和不确定性的特点。不同地域、不同文化和不同社会经历的人群中，对于安全感的定义也是各不相同的。Oldham① 就工作安全感发表了自身的看法，他们认为员工能够通过对是否拥有工作安全感的评判来确认其对自身工作的满意程度。在马斯洛关于需求层次理论中我们可以得知，人们对安全需求的渴望仅次于生理需求。并且他认为，判断一个人的心理是否健康可以通过观察其是否具有充足安全感来完成。如果员工具有充分的工作安全感，就说明员工在工作当中得到了认可，获得了鼓励，那么员工就会更加积极地投入工作，不必担忧自身会被解雇，组织在雇用员工时承诺的长期性也不会被怀疑。工作安全感是组织在对员工进行雇佣时必须给予的承诺，组织对员工的任期和保护是员工最重视的方面，只有消除了员工对工作安

① Oldham G. R.,“Relations between Situational Factors and the Comparative Referents Used by Employees”, *Academy of Management Journal*, 1986, 29 (3).

全的怀疑，员工才能够更好地投入工作。从职业发展理论方面来看，工作安全感对于员工来说是十分重要的，因为这不仅会影响到员工对现有的职业岗位是否长期有效的顾虑，并且对其未来的职业发展也是有着重要影响的。Pearce①认为，工作安全感对员工来说是十分重要的，因为只有员工打消了对现有职业岗位是否长期有效的顾虑，才能够更好地投入到工作中去。Greenhalgh 和 Rosenblatt②提出，员工缺乏工作安全感会产生消极情绪的看法。如果员工整天沉浸在对未来工作的担忧的消极情绪中，对其目前正在开展的工作是不利的，甚至会产生一些不良后果。Kraimer 等③提出，员工若拥有充足的工作安全感，会对组织的整体绩效作出良好的贡献，并且也能为组织筛选出优良的人才型员工。如果员工缺乏工作安全感，那么他们就会对组织的承诺产生怀疑，从而改变自身对组织的情感，也会对组织最终目标的完成产生一定程度的影响。Delery 和 Doty④对于组织的财务管理业绩和工作安全感之间的关系进行了研究，发现员工拥有的工作安全感程度越高，组织的财务管理业绩也越高。Ito 和 Brotheridge⑤发现，员工如果在人力资源实践方面感到工作安全感的危机，那么组织的忠诚度在员工群体之间就

---

① Pearce J. L.，"Job Insecurity is Important，but not for the Reasons You might Think：The Example of Contingent Workers"，In Cooper C. L.，Rousseau C. L. Eds.，*Trends Inorganizational Behavior*，Vol. 5.，New York，NY：Wiley，1998.

② Greenhalgh L.，Rosenblatt Z.，"Insecurity：Toward Conceptual Clarity"，*Academy of Management Review*，1984，9（3）.

③ Kraimer M. L.，Wayne S. J.，Liden R. C.，et al.，"The Role of Job Security in Understanding the Relationship between Employees 'Perceptions of Temporary Workers and Employees' Performance"，*Journal of Applied Psychology*，2005，90（2）.

④ Delery J. E.，Doty D. H.，"Modes of Theorizing in Strategic Human Resource Management：Tests of Universalistic，Contingency，and Configurations，Performance Predictions"，*Academy of Management Journal*，1996，39（4）.

⑤ Ito J. K.，Brotheridge C. M.，"Does Supporting Employees' Career Adaptability Lead to Commitment，Turnover，or Both?"，*Human Resource Management*，2005，44.

会大幅度下降，最终造成大多数人会产生离职的想法。只有将员工工作的保障程度提高，组织在员工群体内的信任度才会提高。在早期研究中，雇佣关系的持续不断性和无限期性得到了以下解释——员工在很长一段时间内不用担心自己的工作会受到影响。员工如果随时会产生对工作持续性和自身工作能力的怀疑，或者对现有工作产生未来会消失的顾虑，就说明员工对此份工作的安全感是较低的。从以上这些定义中可以得知，虽然缺乏工作安全感会影响员工的工作态度，但研究表明，工作安全感的缺乏和工作的失去之间并没有直接的联系。工作的失去指的是短时间内立即发生的事情，而工作安全感的缺乏则是一种长期的消极情绪。在日常工作中，如果组织给予员工工作可持续的承诺，那么员工就会拥有工作安全感，也会消除对工作长期性的顾虑。

第二节　工作安全感的维度与测量

由于现在对工作安全感的研究方向还较少，所以学者在对此进行研究时，通常会选择已经被研究过的方向来进行重新理解分析。一般是通过单维度调查的方法对被调查者进行丢失工作的可能性的探讨，从而得知员工在失业后所具有的感知度是怎样的。

Oldham[①] 就工作安全感的维度与测量专门研究出了关于工作安全感的感量表，其中包含了十个测试项目。以 Likert 5 点计分法为基础，得

① Oldham G. R. ，“Relations between Situational Factors and the Comparative Referents Used by Employees”，*Academy of Management Journal*，1986，29（3）.

出被测量者关于工作安全感的感量结果。结果由 1—5 的数字代表，工作安全感程度与数字的高低成正比，也就是说数字越高，那么拥有的工作安全感的程度也就越高。

朱运清[①]开发出了包含 25 个测试项目、4 个维度（工作发展前景、工作稳定性、工作待遇、工作氛围）的工作安全感量表。

于坤和刘晓燕[②]在对工作安全感维度进行测量时，并没有采用传统的测量方法，而是采用了具有高绩效特点的人力资源实践量表来进行测量。在此表中可以得知两个基本条件——员工的意愿和组织的承诺。员工的意愿指的是，如果员工有一直待在公司工作的意愿，那么公司则会一直接纳员工。而组织的承诺指的是，由组织对员工进行工作长期性的承诺。同样以 Likert 5 点计分法为基础，得出被测量者关于工作安全感的感量结果。结果由 1—5 的数字代表，工作安全感程度与数字的高低成正比，也就是说数字越高，那么拥有的工作安全感的程度也就越高。

从以上结论中可以得知，Oldham 开发出来的对工作安全感进行测量的工作安全感量表是能够广泛被应用的。它不仅能够完整地表达出员工对工作安全感的拥有程度，也受到了广泛的认可。所以如果将此工作安全感量表与朱运清量表结合起来对工作安全感进行测量的话，效果会更好。将两个工作安全感量表结合后可以发现，其中共包含了 15 个题项及工作稳定性和职业前景 2 个维度。

---

① 朱运清：《广东地区企事业员工工作安全感及其对组织承诺、离职倾向的影响》，华南师范大学出版社 2007 年版。

② 于坤、刘晓燕：《越多安全感，越少加班？工作安全感与核心自我评价对加班行为的影响》，《中国人力资源开发》2017 年第 1 期。

第三节 工作安全感的相关研究

一 工作安全感的形成研究

对工作安全感前因的研究主要涉及两类：一类涉及结构，另一类与知觉相关。

一是与知觉相关的因素。其多样性主要体现在年龄人口统计变量的方面。第一，年龄会改变个人对工作环境的态度，同时性别也是影响人们工作安全感的原因之一。第二，雇员的个人心理特征，例如，内外两个部分的感知控制。第三，从员工的角度出发，他对于组织以及员工这两者之间关系的认识，如组织所实施的各种措施是否公平、公正，这两者之间的角色矛盾等。第四，个性的要素。Roskies 和 Louis - Guerin① 指出，工作不安全感以较长时期存在的话，那么员工的性格便有着极大的作用，其性格决定了不安全感影响的强度。员工的主观感受就算并没有出现什么外部的不安全或负面变化，他们也会凭借自我主观感而去感到不安。所以其性格很大程度上决定了不安全感。通过前文论述可知，各类消极情绪或事件的员工，他们更容易产生不安全感。第五，一些外部结构也可能造成工作不安全感，如社会环境以及组织影响。社会经济条件的好坏以及社会经济发展的走向和同类型的方面都有可能造成工作安全感的改变。就有关文献分析可知，一些员工经历的相似裁员事件，都可能会引起员工的不安全感；相反一些社会支持，或是其他积极方面也

① Roskies E. , Louis - Guerin. , "Job Insecurity in Managers: Antecedents and Consequences", *Journal of Organizational Behavior*, 1990, 11 (5) .

能够提高员工的工作安全感。之前的研究发现，组织原有形式或结构的多方面的改变，是造成员工缺乏工作安全感的直接原因。多数的组织变革都会削弱员工在组织中奉献的角色，所以对于员工而言，他们便会逐渐生出更多的工作不安全感。组织条件主要是涉及那些具有可变性和难以预料的因素。比如组织沟通、管理信任等。信息的模糊或是难以确认，便会让工作不安全感逐步形成。所以说为了让这种不确定性有所减少，需要及时沟通，同时调整管理策略，增加信任度。最后就人际关系而言，它是社会中极为重要的一个构成部分，是一种较为独有的文化特征，它能够有效地将工作不安全感进行缓和。不同于领导者之间的交流形式，人际关系通过心理肢体的交流来影响社会关系，这一形式可以有效地将社会经济性质进行融合交换，以达到共赢的效果。

二是与解雇相关的因素。绝大部分体现在公司所进行的重大改变之中。例如，公司面临着巨大的经济危机或是被其他企业收购。此外，还有一些不可抗因素，例如政策的改变、疫情的影响等都会成为公司进行裁员的原因，以此来减少成本。Brockner[①] 指出，就算是劳动合同依旧在期或是未被解除，也可能在工作安全感方面面临着被裁员的心理影响。根据 Greenhalgh 和 Rosenblatt[②]，员工不安全感的两个主要来源是权威的组织文化和员工对组织解雇的担忧。但是如果组织没有完善的、公平的、强大的体系，员工便难以将自己的意愿传达给上级，同时他们的威胁感也会逐步增加。在不安全感的调节变量之中，人际关系是重要的一项，同时人际关系也影响着工作的不安全感。此外，人口统计特征的

---

① Brockner J.，"Self - esteem at Work：Research，Theory and Practice"，*Contemporary Sociology*，1988，44（3）.

② Greenhalgh L.，Rosenblatt Z.，"Insecurity：Toward Conceptual Clarity"，*Academy of Management Review*，1984，9（3）.

相关变量也会影响或干扰到工作安全感的实际研究。在 Schein[①] 看来，心理契约是企业需要认清自己员工的内部结构，了解他们所希望的，并尽最大努力去满足他们的需求。当企业能够满足员工的需求时，他们便会更加卖力地为企业工作，增加企业心灵契约也是增强员工工作安全感的重要一步。心灵契约不可过于强硬，需要更为委婉，这样才能够弥补传统的规章制度的冷漠性。

二　工作安全感影响研究

工作安全感与员工心理息息相关，其关系着他们对刚工作拥有的心理压力。根据 Jahoda 和 Folkman[②] 从潜在剥夺模型中可以得出，对于员工而言，工作不仅能够满足他们的物质需求还能够保障他们的社会交往，是他们未来发展的重要阶梯。如果员工被迫离开企业，那么他们所期望的都将化为泡沫。虽然现如今有些研究已经得出工作安全感与失业没有完全的必然联系。[③] 但是工作安全感低与失业往往会造成员工心理的焦躁不安，同时也会给他们带来种种的压力以及未知的恐惧。据有关学者研究可知，工作安全感对于企业员工个人的影响势必会最终影响到组织整体的运营情况。Ito 和 Brotheridge[④] 研究发现，如果员工在工作中的安全水平被组织的人力资源实践降低了，那么这将会使员工减少对组织的忠诚度并且增加离职的意图。

---

① Schein E. H. , *Organisational Psychology*, New Jersey: Prentice - Hall, 1980.

② Jahoda M. , *Employment and Unemployment*: *A Social - psycho Logical Analysis*, Cambridge: Cambridge University Press, 1982.

③ Lazarus R. , Folkman S. , *Stress*, *Appraisal*, *and Coping*, New York: Springer, 1984.

④ Ito J. K. , Brotheridge C. M. , "Does Supporting Employees' Career Adaptability Lead to Commitment, Turnover, or Both?", *Human Resource Management*, 2005, 44.

工作安全感的影响方面可以归纳为三个，分别是职工行为态度、绩效因素、个体健康。从员工个体健康层面切入，从现有文献来看，研究还集中在工作安全感降低会造成员工身体以及精神方面的伤害或是不积极的影响。Elst[①]证实，某些疾病的发病率会随着工作不安全感的增加而增加。Ashford 等[②]表明，拥有较低工作安全感的员工，身体健康会受到破坏。胡三嫚[③]证实了工作不安全感会让其身体健康受到破坏的同时情绪也会受到影响。

就员工行为态度层面，许多学者在工作不安全感负面影响的基础之上进行了更为深入的探究和思考。在他们看来，这一行为可能会让员工在进行决策时采用更为消极的方式。工作不安全感涉及范围较广，它不仅包含了员工对失去该工作的害怕也包括一些其他工作上的威胁等。工作安全感越低员工的幸福感和归属感等多项情绪也会随之降低。Huang 等[④]和王雅茹等[⑤]研究表明，工作不安全感决定着员工的留职意向。于坤和刘晓燕[⑥]发现，工作上的加班会明显影响员工的工作安全感，此外，拥有较高的工作安全感可以带来更多积极的影响，无论是员工的态度还是工作的效率都会得到大大提高。

---

① Elst T. V., Broeck A. V. D., Cuyper N. D., et al., "On the Reciprocal Relationship between Job Insecurity and Employee Well-being: Mediation by Perceived Control?", *Journal of Occupational & Organizational Psychology*, 2014, 87 (4).

② Ashford S. J., Lee C., Bobko P., "Content, Causes, and Consequences of Job Insecurity: A Theory-based Measure and Substantive Test", *Academy of Management Journal*, 1989, 32 (4).

③ 胡三嫚：《企业员工工作不安全感影响效应的交叉滞后分析》，《中国临床心理学杂志》2017 年第 5 期。

④ Huang G. H., Wellman N., Ashford S. J., et al., "Deviance and Exit: The Organizational Costs of Job Insecurity and Moral Disengagement", *Journal of Applied Psychology*, 2016, 3 (2).

⑤ 王雅茹、吴杲、王晓等：《知识型员工的工作不安全感：影响及控制手段》，《科技管理研究》2018 年第 7 期。

⑥ 于坤、刘晓燕：《越多安全感，越少加班？工作安全感与核心自我评价对加班行为的影响》，《中国人力资源开发》2017 年第 1 期。

就绩效因素层面，工作的绩效会严重受到工作不安全感的影响，有的学者已经证实工作绩效与工作不安全感负相关，但有的学者对此持中立态度。此外，也有研究证实了工作安全感与公司财务绩效①、组织公民行为②正相关。因为工作安全感高的个体在组织中、在心灵上能够得到更多的归属感以及支持，也能够得到更多实际的帮助，这一氛围的形成可以有效地提高团队的工作效率。相反，如若工作安全感较低便会带来许多不好的影响，无论是从个人方面还是工作绩效方面以及承诺方面。③ 此外，也会造成创造力④和较高的情绪耗竭⑤。

① Delery J. E. , Doty D. H. , "Modes of Theorizing in Strategic Human Resource Management: Tests of Universalistic, Contingency, and Configurations, Performance Predictions", *Academy of Management Journal*, 1996, 39 (4) .

② Staufenbiel T. , Thomas, Kroll M. , Konig C. J. , "Could Job Insecurity (also) be Motivator?", *Beyond the Horizon of Measurement*, 2006, 44 (3) .

③ Ashford S. J. , Lee C. , Bobko P. , "Content, Causes, and Consequences of Job Insecurity: A Theory - based Measure and Substantive Test", *Academy of Management Journal*, 1989, 32 (4) .

④ 张勇、龙立荣：《人—工作匹配、工作不安全感对雇员创造力的影响—— 一个有中介的调节效应模型检验》，《南开管理评论》2013 年第 5 期。

⑤ 张莉、林与川、张林：《工作不安全感与情绪耗竭：情绪劳动的中介作用》，《管理科学》2013 年第 3 期。

第七章 理论基础

第一节 资源保存理论

Hobfoll① 在深入分析资源保存理论之后，对资源进行了划分，其主要体现在个体为了达成目标，不断地借助自身的资源，并且借助外部的资源进行资源补充。个体对资源缺失的恐慌和紧张感也同样是资源保存理论的实际展现之一。同时如果个体在实际工作之中每日面临其资源的耗竭以及损耗，便会逐步增加自我的心理压力，紧张等情绪便会随之涌上，便会出现情绪低落或是工作效率降低的问题；相反，如若能够持续地注入新资源，便可以有效地缓解各种问题。总而言之，自然个体会由于资源流失、缺少而产生焦虑的应激反应，但是如果外界能够保持持续的资源输入，便能够大大降低这些负面影响。这一理论就其所处环境包括其自身所具有特点进行审视，对资源损耗以及补给量都进行了深入的

① Hobfoll S. E. , "Conservation of Resources: A New Attempt at Conceptualizing Stress", *American Psychologist*, 1989, 44 (3).

分析和对比。

Hobfoll① 在资源保存理论这一基础之上，对资源进行了划分。梁潇杰等②在上述基础之上进行了分类，将资源剖析为内部、外部资源。内部资源主要是指那些较为积极的因素，如自信、勇气等。外部资源涉及能量资源等方面，当个体有外部资源的支持时，能够让其达成目标的路途更为顺畅，内部、外部资源对其个人的完善有着决定性的作用。在实践的工作者中，员工不得不消耗自身的各种资源，以及消耗自身资源去达到工作要求。但是就个人而言，能够利用和配置的资源是十分有限的，如果员工没有足够的资源储备，势必难以达到工作要求，便会逐渐失去安全感，所以想要保持员工的工作安全感，务必采取一些更为积极的措施和形式。

◇◇第二节 工作要求—资源模型

从资源模型这一角度切入，工作要求所涉及的范围较广，不仅有个体的生理方面因素，还涉及心理社交能力等各方面的要求，所以换句话说，个体要想能够更好地完成，便需要达到上述要求。从表面上看，工作要求是消极的，但是并不绝对；所以可以推断，如若员工未能按要求和标准达到工作需求时，自然而然会产生各种压力。在追求工作目标时，所需要消耗的各种精力或是实质性的东西称为工作资源。工作资源

① Hobfoll S. E. , "Conservation Resources: Are Join Derto the Comentaries", *Applied Psychology*, 2001, 59 (3).

② 梁潇杰、于桂兰、付博：《与上级关系好的员工一定会建言吗？基于资源保存理论的双中介模型》，《管理评论》2019 年第 4 期。

的储备程度关乎着心理健康、心理成本等多个方面。

该模型的核心主要在两个方面。一方面就是工作对员工有着增益的路径，另一方面便是损耗的影响路径。增益路径主要在于储备足够的工作资源，使员工在这之中能够更好地投入工作，提高他们的积极性，所以当员工有了充实的工作资源储备时，便能够更好地去面对那些挑战突破困难，以此达到提高安全感的目标。相反，如若缺乏，员工的工时管理及安全管理都会随之逐渐出现消极情况，降低工作效率。损坏路径主要是指繁重的工作要求，极度缺乏工作资源，会造成工作懈怠，同时造成组织结果与最终目标背道而驰。不科学的工作要求势必会损耗大量的资源，消耗员工的精力；如果放任其继续下去，势必会造成各种焦虑、恐慌等消极情况出现，随即便会造成安全感下降。此外，如若让员工长时间处于对资源的担忧和低安全感的环境之中，他们的心理承受能力也会随之改变，便会形成更多的资源消耗。

第八章　研究模型及研究方法

◇第一节　理论假设及模型

本书主要涉及外派人员的心理资本和工作重塑对工作安全感的影响作用，以及授权领导力是否在两对关系中起到调节作用。基于此研究目的，本章将围绕心理资本、工作重塑、授权领导力和工作安全感四个主变量的相关研究进行展开，本书旨在探索外派人员的心理资本和工作重塑对工作安全感的影响作用，以及授权领导力是否在两者关系中起到调节作用。基于此研究目的，本章将围绕心理资本、工作重塑、授权领导力和工作安全感四个主变量的相关研究进行展开。心理资本、授权领导力和工作安全感分别形成一个独立的变量，工作重塑可以从三个角度展开。

一　理论假设

（一）心理资本与工作重塑的关系

个体对自我能力有着充分的信心，足够相信自己可以运用自身所储备的资源以及在有安排的情况下去顺利完成某项任务[①]，这便叫作自我效能感。根据有关研究可知自我效能感与个体主动性的工作行为息息相关，例如当负责某一板块的员工能够从自身自发性地去带动整体组织的工作。[②] 另外，自我效能感能促进员工主动发挥个体主动性[③]，并且积极开展相关应对行为。[④] 由上述可知，个体主动性行为的有效预测变量，可以用自我效能作为主要产量。所以在实际之中许多员工对有关主动性行为都会提前进行自我评估审视。[⑤] 当员工认为自己能够顺利地去影响自己所在的这一个小环境，他们便会主动去增加自己的任务，提高自己的要求。整理工作、重塑这期间也是将其重点放于员工的自身改变特点之上，例如满足自我需求或者是培养新技能。[⑥] 当员工拥有足够的自我效能时，便会不断地进行自我完善，同时内心始终对工作和生活充满信心，能够更好地提升自我。这影响着他们实际的工作计量，同时也影响着工作层次，所以可以得出自我效能越高，越能帮助建立工作重塑行为。

---

① Luthans F., Youssef C. M., Avolio B. J., *Psychological Capital Developing the Human Competitve Edge*, Oxford, UK: Oxford University Press, 2007.

② Tims M., Bakker A. B., Derks D., *De Job Demands – resources Benadering van Job Crafting*, 2013; Morrison E. W., Phelps C. C., "Taking Charge at Work: Extrarole Efforts to Initiate Workplace Change", *Academy of Management Journal*, 1999, 42 (4).

③ Speier C., Frese M., "Generalized Self Efficacy as a Mediator and Moderator between Control and Complexity at Work and Personal Initiative: A Longitudinal Field Study in East Germany", *Human Performance*, 1997, 10 (2).

④ Vough H. C., Parker S. K., *Work Design Research: Still Going Strong*, 2008.

⑤ Morrison E. W., Phelps C. C., "Taking Charge at Work: Extrarole Efforts to Initiate Workplace Change", *Academy of Management Journal*, 1999, 42 (4).

⑥ Tims M., Bakker A. B., Derks D., "Development and Balidation of the Job Crafting Scale", *Journal of Vocational Behavior*, 2012, 80 (1); Wrzesniewski A., Dutton J. E., "Crafting a Job: Revisioning Employees as Active Crafters of Their Work", *Academy of Management Review*, 2001, 26 (2).

众所周知，希望是一种积极性的动机状态，同时它可以被分为三个成分，主要是成功的语言、达成目标的渠道、追求和完成目标的能力。Snyder 和 Lopez① 将希望的动机和途径之间的界限划分得更为明显。在他们看来，途径主要是指个体在追求目标过程之中所付出的实际行动；动机是指个体内心所产生的想要追求的一个目标，以及内心所产生的期望。Wrzesniewski 和 Dutton② 认为，个人需要始终坚定自己的目标和需要，不断地驱使自己朝着这个方向前进，个人需要不断推进工作重塑将其作为驱动力量。Berg 等③就工作从事这一问题进行了深入的研究，表示其与员工的关键动机以及自身的工作层次息息相关，同时工作程度能够帮助他们更好地达成自身追求。Lyons④ 通过研究发现，员工工作从事的能力关乎着他们最终的认知能力大小，换句话说就是两者同强则强，同弱则弱。个体认知是希望的重要成分之一，所以本书认为当员工内心的希望越高，进行工作层次的程度也越高。

乐观是让积极结果产生以及期望发生的重要主导力。就是把正向的事情归结成维持内部稳定的要素，同时将消极事件分到内部之外，以及偶然的因素之中。⑤ 乐观的个体会在工作期间更加主动地去思考和找寻新的渠道，同时他们对于新的变化有更快的接受性，能够始终以一种积

---

① Snyder C. R. , Lopez S. J. , *Handbook of Positive*, 2002.

② Wrzesniewski A. , Dutton J. E. , "Crafting a Job: Revisioning Employees as Active Crafters of Their Work", *Academy of Management Review*, 2001, 26 (2) .

③ Berg J. M. , Duton J. E. , Wrzesniewski A. , "Jobcrafting and Meaningful Work", In B. J. Dik, Z. S. Byrne M. F. Steger Eds. , *Purpose and Meaning in the Workplace*, Washington, D. C. : American Psychological Association, 2010.

④ Lyons P. , "The Crafting of Jobs and Individual Differences", *Journal of Business and Psychology*, 2008, 23 (1) .

⑤ Seligman M. , *Learned Optimism: How to Change Your Mind and Your Life*, New York: Pocket Books, 1998.

极的态度去面对各项变化。在 2012 年，Tims 等[①]在对普遍适用性的工作重塑量表的研究中指出，员工主动性人格与工作重塑行为这两者是存在必然联系的，也就是说拥有这类特点的员工能够更好地去改变自己让其适应更多的工作范围。此外，这一类乐观的个体能够在工作之中把握更多的机会，同时寻求更多的契机去提升自我。在员工积累结构性工作资源之中，员工自身去主动挖掘发展机会是极为高效的方式[②]，同时这也能够为之后各类工作打下坚实的基础[③]，在未来能够应对更为困难和复杂的工作。想要实现真正的工作重塑，势必需要积累工作资源支撑。所以综上所述，本书得出乐观的员工能够更好地融入工作重塑。

抗逆力是指受到外界一切不利于现在个体发展的冲突压力的消极事件时内心所实施的防御机制，能够让自身更快地调整好状态恢复常态的能力。[④] 在这里所提到的各类消极事件，本质上便是指遵循个体的寓言去主动进行经历情绪的调控。[⑤] 在这里所提到的逆境阻碍性工作是指由员工个体从自身带入自己的经历情绪等。重心放在了人际互动任务等方面，当面临这些问题时他们便需要耗费自身更多的精力去应付，如果员工自身能够更快、更好地调节应对，便可以相应地减少阻碍性工作要求的行为。所以，本书更加偏向于进行工作重塑的员工是那些具有高抗逆力的员工。就上述内容，给出以下假设。

---

① Tims M., Bakker A. B., Derks D., "Development and Balidation of the Job Crafting Scale", *Journal of Vocational Behavior*, 2012, 80 (1).

② Tims M., Bakker A. B., Derks D., *De Job Demands – resources Benadering Van Job Crafting*, 2013.

③ Tims M., Bakker A. B., "Job Crafting: Towards a New Model of Individual Job Redesign", *SA Journal of Industrial Psychology*, 2010, 36 (2).

④ Masten A S., Reed M. G., *Handbook of Positive Psychology*, 2002.

⑤ Masten A S., Reed M. G., *Handbook of Positive Psychology*, 2002.

假设1：心理资本对工作重塑产生显著正向影响。

假设1－1：心理资本对任务工作重塑产生显著正向影响。

假设1－2：心理资本对认知工作重塑产生显著正向影响。

假设1－3：心理资本对关系工作重塑产生显著正向影响。

（二）心理资本与工作安全感的关系

心理资本（Psychological Capital）是一种人格特质，也是一种积极的内在心理品质。其他的外在显示方式，对一个人的精神面貌与处事方式有着十分大的影响。根据分析相关资料可以得知，心理素质高的工作人员在工作中的状态更加良好。Avey 等[①]觉得，工作人员心理素质的提高可以促进正面情绪的增长，而此类情绪可以大大改善工作人员在挫败中的经历。心理素质的高低，是衡量一个人面对挫败、无助等负面情绪时的表现。

工作安全感（Job Security）的含义是指人们对以后生活的憧憬与期待。[②]“工作安全感”一词最早出现在 Oldham[③] 的研究中。工作不安全感（Job Insecurity）的含义是指工作人员对所从事工作的变动、调离或是解雇等不安的情绪反应。[④] 工作不安全感会对工作人员的日常行为造成不良影响。通过先前的资料可以看出，工作人员对公司的归属感与公

---

① Avey J. B., Patera J. L., West B. J., "The Implications of Positive Psgchological Capital on Employee Absenteeism", *Journal of Leadship & Organizational Studies*, 2006, 13 (2).

② Kraimer M. L., Wayne S. J., Liden R. C., et al., "The Role of Job Security in Understanding the Relationship between Employees 'Perceptions of Temporary Workers and Employees' Performance", *Journal of Applied Psychology*, 2005, 90 (2).

③ Oldham G. R., "Relations between Situational Factors and the Comparative Referents Used by Employees", *Academy of Management Journal*, 1986, 29 (3).

④ Feng D. D., L. C. Q., Siu O. L., "Job Insecurity, Well - being, and Job Performance: The Role of General Self - efficacy", *Acta Psychologica Sinica*, 2008, 40 (4).

司盈利情况①、组织承诺②、情感承诺③、工作满意度、短期病假④正相关，与离职倾向、加班行为⑤没有呈现出正相关。要想提高工作的归属感必须做到这三个方面：与工作人员签订稳定长期的劳动合同，不对工作人员有任何的歧视，与员工共享果实。⑥ 当工作人员的安全感逐渐增加，对公司的归属感与认同感越来越强时，就十分难以脱离公司。但若是工作人员没有得到安全感，便会游离在公司的边缘。⑦ 我们国家在这个领域的专家胡三嫚⑧通过对华夏文化的探索，根据前辈的记载，总结出工作人员在工作之时表现出来的烦躁与紧张，没有十足的安全感，对之后的工作感到焦虑与担忧。

本书认为心理资本能够用下述方式增加由工作要求引发的工作安全感，JD－R 模型认为工作要求会消耗身心成本，就会产生消极的影响。但是，部分个人资源可以减少工作要求对工作不安全感的影响。从不同的角度看，心理素质高可以通过自我调节的方式，缓解自身状态，减轻

---

① Delery J. E.，Doty D. H.，"Modes of Theorizing in Strategic Human Resource Management：Tests of Universalistic，Contingency，and Configurations，Performance Predictions"，*Academy of Management Journal*，1996，39（4）.

② 高芳、陈海平：《企业员工职业生涯高原、工作不安全感与组织承诺的关系研究》，《心度研究》2010 年第 2 期。

③ 金涛、施建军、徐燕：《工作安全感对员工情感承诺的影响机制研究》，《现代管理科学》2013 年第 2 期。

④ Khan J.，Rehnberg C.，"Perceived Job Security and Sickness Absence：A Study on Moral Hazard"，*European Journal of Health Economics*，2009，10（4）.

⑤ 于坤、刘晓燕：《越多安全感，越少加班？工作安全感与核心自我评价对加班行为的影响》，《中国人力资源开发》2017 年第 1 期。

⑥ Khan J.，Rehnberg C.，"Perceived Job Security and Sickness Absence：A Study on Moral Hazard"，*European Journal of Health Economics*，2009，10（4）.

⑦ Griffeth R. W.，Horn P. W.，Gaertner S.，"A Meta－analysis of Antecedents and Correlates of Employee Turn over：Update，Moderator Tests，and Research Implications for the Next Millennium"，*Journal of Management*，2000，26（3）.

⑧ 胡三嫚：《工作不安全感的研究现状与展望》，《心理科学进展》2007 年第 6 期。

在工作、生活中所产生的焦虑与痛苦，更加清晰地认知自身。心理素质高还有利于抵御工作中所带来的不安全感。当然，若工作人员的心理素质较低，那么负面影响的降低将会变得艰难。从已有的研究来看，心理资本与工作不安全感显著负相关。例如，将皮尔逊相关与层次回归结合理解便体现出，心理素质与工作中所带来的不安全感有十分微妙的联系，两者之间明显负相关，存在于两者的方方面面，心理素质总的来说包括这几个维度，自我调节、憧憬、开朗、抗压性等，都对工作所带来的不安全感有着十足的防范与调节功效。从上述分析中，便能更确切地感受到心理素质对工作中所带来的不安全感的影响，同时也是工作人员对今后工作感到焦虑的侧面原因。体现了，若工作人员在工作中遇到解雇、调离、不当竞争、晋升机制不完善、受到不公平待遇等，会造成工作不安全感的因素时，心理素质高的工作人员对待事情的处理方式与心理素质低的有明显的区别，更容易调整其带来的负面情绪，通过乐观、积极的心态，坦然去面对，大大减轻了其负面情绪所带来的影响。胡三嫚①觉得人的认知在一定程度上会对工作带来不利的影响，与现在飞速发展的社会经济氛围对比，处于安全稳定的职位上，会大大减少工作中因各种因素所带来的不安全感。冯冬冬、陆昌勤等②的相关探索表明，对即将到来的不安全感如何应对，对其相关方面敏感的人来说，无疑不是一场煎熬；但是对其相关方面不敏感的人来说，影响较小。从中便可以体现出，人的状态、人的性格、人所拥有的心理素质等，都对工作中所带来的不安全感有着不同的影响。从上述分析来看，本书作出如下判断。

---

① 胡三嫚：《工作不安全感及其对组织结果变量的影响机制》，华中师范大学出版社 2008 年版。

② 冯冬冬、陆昌勤、萧爱铃：《工作不安全感与幸福感、绩效的关系：自我效能感的作用》，《心理学报》2008 年第 4 期。

假设2：心理资本和工作安全感正相关。

（三）工作重塑与工作安全感的关系

工作重塑（Job Crafting）是指工作人员在经过企业的相关培训作业之后，要充分结合自身兴趣、习惯方式来适应所要完成的任务，其主要作用便是为了使个体自身的动机、兴趣和激情与工作相一致。① 将工作任务与自身的习惯方式相融合，要从这三个方面入手，对工作的认识、与自身的关系、对工作的改善。

工作安全感是指个人对在未来工作持续性的感知和期望。② 员工感知到工作安全感的时候其实是他们受到组织优待的时候，工作人员会有着自己独特的看法，从心底对公司进行重新评估。比如，对公司的依赖性变强③或者更坚定的承诺④。

工作任务的重新塑造与工作人员的重视程度有着紧密联系。对工作任务重新塑造感到重视的员工较为容易学到适合自己的专业技能，在工作中也更加投入，上升发展空间也充分体现了出来，通过这些方式大大减少了之前工作给工作人员带来的不利之处。在上述中提到，Ghitules-

---

① Wrzesniewski A., Dutton J. E., "Crafting a Job: Revisioning Employees as Active Crafters of Their Work", *Academy of Management Review*, 2001, 26 (2).

② Kraimer M. L., Wayne S. J., Liden R. C., et al., "The Role of Job Security in Understanding the Relationship between Employees 'Perceptions of Temporary Workers and Employees' Performance", *Journal of Applied Psychology*, 2005, 90 (2).

③ Cropanzano R., "Social Exchange Theory: An Inter Disciplinary Review", *Journal of Management*, 2005, 31 (69).

④ Kurtessis J. N., Eisenberger R., Ford M. T., et al., "Perceived Organizational Support: A Meta - analytic Evaluationof Organizational Support Theory", *Journal of Management*, 2015, 43 (6).

cu[①]认为，工作的重新塑造跟员工在岗位上的表现正相关，能够使工作人员更好地适应所从事的岗位，提高工作人员的工作安全感。Tims 等[②]通过探索，表明工作重新塑造的进度中，有着乐观良好的心态，不但可以减少工作人员在岗位中的失误、降低工作倦怠，与此同时还能加快其调整工作资源和工作要求。新员工在工作重新塑造的进度中，不断进行深造，充实自己掌握更多的技术，以此更好地为工作服务。总体水平高的员工在任何环境、岗位都能快速融入其中，做好自己的职责，还可以对原有的工作方法进行优化。吕旭宁与和白新文[③]提到工作重新塑造与工作人员有着密不可分的联系，这样更加有利于提高工作绩效。Vogt 等[④]发现工作重塑会提高员工的依赖感。结合上述材料的内容，对以下几个方面进行探索。

假设 3：工作重塑与工作安全感呈正相关关系。

假设 3－1：任务重塑与工作安全感呈正相关关系。

假设 3－2：认知重塑与工作安全感呈正相关关系。

假设 3－3：关系重塑与工作安全感呈正相关关系。

（四）工作重塑的中介作用

在积极心理学理念倡导下的心理资本是在人力资本和社会资本之上

---

① Ghitulescu B. E.，"Shaping Tasks and Relationships at Work Examining the Antecedents and Consequences of Employee Job Crafting"，*The Degree of Thesis*，*University Pittsburgh*，2006.

② Tims M.，Bakker A. B.，Derks D.，"Development and Balidation of the Job Crafting Scale"，*Journal of Vocational Behavior*，2012，80（1）.

③ 吕旭宁、白新文：《工作重塑对科研机构知识产权人员工作投入、满意度和工作绩效的影响》，《科学管理研究》2017 年第 2 期。

④ Vogt，H. B.，et al.，"The Consequnences of Job Crafting a Three－wave Study"，*European Journal of Work and Organizational Psychology*，2017，25（3）.

的，是个体在发展过程中展现出来的一种内在并且可测量的积极心理状态，有自我效能感、希望、乐观、坚韧这四个要素。结合当前的社会环境来说，心理素质高的员工很少产生消极的影响。从资源保存理论中来看，当个体资源充足的时候，预防和应对工作压力就更有把握和信心，并且此时更愿意通过投入已有资源来获取新的资源。高水平的心理资本能使他们表现得更具信心和毅力，也更愿意投身于工作，对工作的投入和付出会使他们获得更高的绩效和组织认可，这种积极反馈又会进一步强化个体对岗位的付出，因此可以会获得更多的支持。通过这些方面可以反映出来，心理素质是职位中重要的积极心理资源，它为个体在实现自我价值和履行社会责任时赋予更多的内在能量，使个体更具意志力和变通性，从而促进更多的工作投入。

20 世纪 90 年代，Avey① 等指明了一些直接因素能够直接积极地影响员工的创新主动性。但是 Luthans 等②不同意韦斯特等的看法，他认为假如员工没有拥有完成工作的心理资本的这些因素，就不会产生很明显的效果。虽然这两项研究在结论上有着不一致的地方，但是首先都表明了心理资本对员工创新主动的性能有着很大的影响。工作重塑以自我为核心主体进行操作，将自身习惯与工作内容相融合，提高工作效率与自身需求。通过工作规定—资源模型，将自身过往积累的工作习惯、社会中所积累的相关资源，严格落实工作规定，对工作中的缺陷进行优化，与自身习惯方式进行融合，重新塑造其中的过程。自我效能感（Self - efficacy）是指对自身能力的了解程度与对改变工作环境的想法理念的深

---

① Avey J. B., Patera J. L., West B. J., "The Implications of Positive Psychological Capital on Employee Absenteeism", *Journal of Leadership & Organizational Studies*, 2006, 13 (2).

② Luthans F., Avolio B. J., Avey J. B., et al., "Positive Psychological Capital: Measurement and Relationship with Performance and Satisfaction", *Personnel Psychology*, 2007, 60.

浅，这其中所蕴含的决心会对工作重新塑造有着不可忽视的作用。本身能力突出的工作人员，更容易重新塑造工作。① 比如，Salanova 等②的探索结果表明，自身的工作能力大小与其挑战性有十分紧密的联系，还可以对其所进行的工作状态进行预估。Bakker 等③的探索结果表明，自我效能感对工作人员重新塑造工作的状态有着评估。

在经过了工作重新塑造后工作人员所拥有的资源以及社会上的资源都有了一定程度上的提高，接受挑战性工作要求也是为了实现自身知识和工作效率的提升，对工作中所带来的障碍进行解决，十分有利于之后工作的发展，侧面对自身能力进行提升，从而提高对工作的安全感。另一方面，也进行科学有效的工作方法，对自身原有的知识盲区进行优化，以便更好地提升自己的能力，获得更多的支持，通过不断对自身能力的提升，来应对可能造成的失业风险，确保将来工作的稳定性。根据上述材料，做出如下几个假设。

假设4：工作重塑在心理资本和工作安全感之间起中介作用。

假设4－1：任务重塑在心理资本和工作安全感之间起中介作用。

假设4－2：认知重塑在心理资本和工作安全感之间起中介作用。

假设4－3：关系重塑在心理资本和工作安全感之间起中介作用。

(五) 授权型领导与心理资本、工作重塑的关系

授权型领导是结构性授权的进一步体现，为工作人员更好、更便捷

---

① Vough H. C.，Parker S. K.，*Work Design Research：Still Going Strong*，2008.

② Salanova M.，Schaufeli W. B.，Xanthopoulou D.，Bakker A. B.，"The Gain Spiral of Resources and Work Engagement：Sustaining a Positive Work life"，*Work Engagement：A Handbook of Essential Theory and Research*，2010.

③ Bakker A. B.，Tims M.，Derks D.，"The Role of Job Crafting and Work engagement：Proactive Personality and Job Performance"，*Human Relations*，2012，65（10）.

地工作提供良好的环境支持，一点点将手中权力分发的具体程序，这些规定会给工作人员带来憧憬，极大调动员工积极性，便于企业运作。[①] Arnold 等[②]认为，其中具体囊括五个范围：领导作用、提出意见、进行决策、体贴员工、成果划分。Amundsen 和 Martinsen[③] 有着更独到的研究成果，他们觉得之前的五个范围有职能相同之处，觉得应该确立其中两方面，也就是自己支持运作和对其发展上的支持。在这里面，自己支持运作也就是领导将手中的权力进行细致划分，调动员工积极性，使企业有明显的责任划分，使公司氛围活跃。发展支持则是以领导为核心，通过领导的以身作则，为工作人员树立良好的形象与带头任务，对员工进行关怀。在过往的研究中，有授权型领导所带来的成果，成功调动了员工的积极性，对企业造成了积极可观的影响。通过这些可以清晰地看出，授权型领导对调动员工积极性与企业更好的发展有不可分割的紧密联系。

工作人员对授权型领导的感官通常就是从日常小事中看出来的，其中领导的言行举止，便充分反映了对员工的影响，给他们带来了十分有力的正面形象支持。提高这些带头作用，能够提高员工的自信心与归属感。通过相关探索可以看出，领导的所作所为与日常处事方式也会在一定程度上对工作人员造成影响。因为创新很有可能经常遭遇失败，所以它有着高度风险性的特点。[④] 工作人员的能力越强，所能承担的风险越

---

① Conger J. A. , Kanungo R. N. , "The Empowerment Process: Integrating Theory and Practice", *Academy of Management Review*, 1988, 13 (3) .

② Arnold J. A. , Arad S. , Rhoades J. A. , "The Empowering Leadership Questionnaire: The Construction and Validation of a New Scale for Measuring Leader Behaviors", *Journal of Organizational Behavior*, 2000, 21 (3) .

③ Amundsen S. , Martinsen O L. , "Empowering Leadership: Construct Clarification, Conceptualization, and Validation of a New Scale", *The Leadership Quarterly*, 2014a, 25 (3) .

④ Carmeli A. , Schaubroeck J. , Tishler A. , "How CEO Empowering Leadership Shapes Top Management Team Processes: Implications for Firm Performance", *The Leadership Quarterly*, 2011, 22 (2) .

大，他就会想去突破自身的局限性，去实现自身的最大追求，所以也可以用这种进取型的方法得出结论。除了这些方法，还有就是当工作人员遇到困难时，领导不嫌麻烦，真诚地为员工出谋划策，帮忙解决问题，帮助他渡过难关，这些帮助他都会记在心里，有利于员工对企业的归属感。[①] 与此同时，领导还可以对权力大胆下放，所谓“疑人不用，疑人不用”，不仅给予员工信任与支持感，还能显示出领导的大气与不拘小节，更能让员工多学习、多尝试，更好地提升自己，加快创新行为的产生。

Tims 等[②]根据相关工作规定—资源理论，觉得工作重新塑造应该是资源与规定两者紧密联系的代指，所以，其中的变量变动会给整体带来极大的改变。正因如此，工作重新塑造将自己作为主体核心，通过改变工作岗位之中的方法、方式来与自己的做事方式进行融合，来对自身的积极性进行改善。根据相关工作规定—资源模型，自身对过往所学知识的积累，社会经历积累，对发展目标的憧憬，提高工作重新塑造与自身的相符程度。领域中的前辈探索得出，自身的行为习惯、心理素质，和所带头领导的日常行为习惯，对待员工的态度方法都有十分大的影响。[③] 通过这些方面可以看出，工作重新塑造与自身及所处环境紧密相关。用自身决定理论可知，自我主体性与能力需求的满足与其形成的内在因素存在不可或缺的条件，内在因素对自身有创造性、自主性、导向性等的要求，而这些特征又与工作重新塑造紧密关联。而且领导者处理事情的

---

① Avolio B. , Luthans F. , *The High Impact Leader*: *Moments Matter in Accelerating Authentic Leadership Development*, New York: Mc Graw – Hill, 2006.

② Tims M. , Bakker A. B. , Derks D. , “Development and Balidation of the Job Crafting Scale”, *Journal of Vocational Behavior*, 2012, 80 (1) .

③ Bakker A. B. , Tims M. , Derks D. , “The Role of Job Crafting and Work Engagement: Proactive Personality and Job Performance”, *Human Relations*, 2012, 65 (10) .

方法与习惯也会影响内在因素的相关方面。Martin等①探索出授权型领导与个体自身相关能力提升与承担能力的相关影响，并且对自身的内在因素有着十分有利的影响。正因如此，授权型领导对个体自身工作重新塑造产生的影响，取决于其所处的相关环境条件。工作重新塑造是从自身主动出发的措施，其实并不安全，这便需要一个安全稳定的环境条件。Lyons② 解释自身若要争取领导所分发的权力，便会受到其中竞争关系的影响。授权型的领导更加别具一格，能够有效带动工作人员的积极性与归属感③，给工作人员提供了安全稳定的工作氛围，减少工作过程中所带来的不确定性与限制。通过这种轻松愉快的工作氛围，工作人员会不由自主地改变对工作的态度，正因如此，工作重新塑造的实施便没有任何问题。而且，在这种氛围下的工作人员对公司的依赖感与归属感十分强烈。④ 另外，授权型领导要关心爱护工作人员的感情需求，使员工在工作中不用为资源的短缺而发愁，鼓励员工设立短期目标与长期目标，并鼓励员工不断向其奋斗，以提高员工积极性与自我满足感。正因如此，员工在对目标追求上的设立会越来越大，以更好地实现自身的社会价值。

从如今学者和研究者研究出来的一系列结论和结果来看，授权型领

---

① Martin S. L. , Liao H. , Campbell E. M. , "Directive Versus Empowering Leadership: A Field Experiment Comparing Impacts on Task Proficiency and Proactivity", *Academy of Management Journal*, 2013, 56 (5) .

② Lyons P. , "The Crafting of Jobs and Individual Differences", *Journal of Business and Psychology*, 2008, 23 (1) .

③ Ahearne M. , Mathieu J. , Rapp A. , et al. , "To Empower or Not to Empower Your Sales Force? An Empirical Examination of the Influence of Leadership Empowerment Behavior on Customer Satisfaction and Performance", *Journal of Vocational Behavior*, 2005, 31 (3) .

④ Berg J. M. , Wrzesniewski A. , Dutton J. E. , "Perceiving and Responding to Challenges in Job Crafting at Different Ranks: When Proactivity Requires Adaptivity", *Journal of Organizational Behavior*, 2010, 31 (2 - 3) .

导并不是一个较为完善和充分的调节变量，因为在组织的内部对其领导的方式也是非常看重的；不仅如此，领导方式对其员工团队的行为等方面也造成一定程度的影响。因此，授权型领导应该为其员工和企业营造较为轻松愉快的工作环境，使其员工可以在此环境当中畅想欲言，充分发挥自身的创造能力和主观能动性，无论是从心理还是生理的角度来讲，都可以促进员工的工作积极性和企业的发展。本书着重从心理的角度上来对其员工在工作过程中的积极性造成的影响进行更深一层的探究。

授权型领导是否能够成功地在企业内部中实施完全取决于领导的自身，员工的个体差异性等方面，如员工在工作过程中是否具有积极性的态度，会在一定程度上影响授权型领导是否可以正确地实施相关决策，一旦员工在工作过程中出现怠慢、消极的行为，那么使其授权型领导难以完成相应的任务和操作。但是授权型的领导可以促进员工的控制能力和综合素养能力，使其可以在工作中感受到领导对其的关爱和呵护，在此阶段授权型领导应该赋予下级一些个别的权力。① 授权型领导在企业的发展过程中是必不可少的，因为其可以赋予下属权力，如允许下属对其活动的开展或者是参加会议等。② 授权型领导主要是为了激发员工在工作过程中的积极性和认真的态度，使其可以实现自我控制、自我调节的能力，赋予下级一些权力，可以使其更加认真地对待自己的工作，使

① Ahearne M., Mathieu J., Rapp A., et al., "To Empower or Not to Empower Your Sales Force? An Empirical Examination of the Influence of Leadership Empowerment Behavior on Customer Satisfaction and Performance", *Journal of Vocational Behavior*, 2005, 31 (3).

② Konczak L. J., Stelly D. J., Trusty M. L., "Defining and Measuring Empowering Leader Behaviors: Development of an upward Feedback Instrument", *Educational and Psychological Measurement*, 2000, 60 (2).

其可以自主地去开展一些活动和任务。即使对其的定义表达不太相同，不过也可以发现，所有的定义都会涵盖分享、刺激等具有价值意义的关键词，分享则是指领导者赋予下级的权力，刺激则是指在领导者赋予权利之后对其自身内心有激励的作用。

学者与研究者通过一系列的调研和探究发现，领导方式在一定程度上会对其员工在工作过程中的态度、员工的创造性和潜力等方面有较深的影响。所以授权型领导在一定程度上会对员工的心理和生理造成相应的影响。如果管理者对其授予的权力过多，那么此时员工会明显地感受到上级领导对其的信任和依赖，在一定程度上会激发其自身对其企业的奉献精神，使其可以在工作当中发挥出更大的潜能；如果说领导者对其下级赋予的权力太少，那么此时员工就会认为自己的能力不被认可，容易在工作当中产生消极怠慢的心理行为，会导致其领导发布的一些任务与工作没有高质量地完成，因为在这些人的眼里认为领导者对其自身所完成的一系列的任务与工作并没有获取高度的认可，所以说授权型领导应该对其员工的工作行为和心理状态进行正向的引导和调节。本书总共根据此问题提出如下几点假设。

假设5：授权型领导对员工的心理资本与工作重塑之间起正向调节作用。

假设5-1：授权式领导力在心理资本与任务重塑之间起正向的调节作用。

假设5-2：授权式领导力在心理资本与认知重塑之间起正向的调节作用。

假设5-3：授权式领导力在心理资本与关系重塑之间起正向的调节作用。

二 研究模型

心理资本与工作安全感的研究模型如图 8－1 所示。

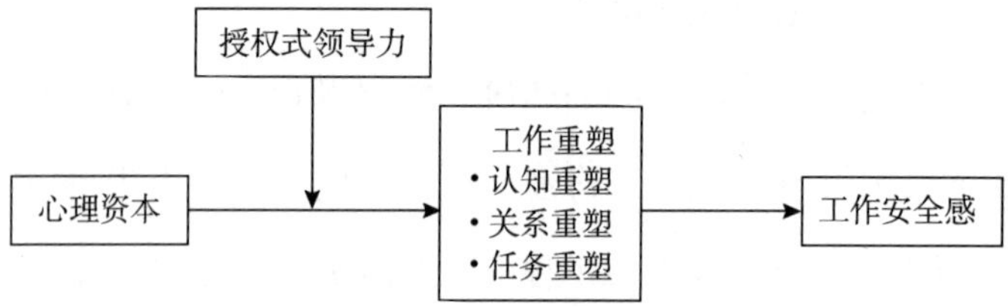

图 8－1 本书研究模型

三 问卷调查及分析

本书以中国企业海外派遣员工作为研究对象，共计发放 400 份问卷，回收 376 份（回收率为 94%），其中除去无效问卷 13 份，最终回收 363 份用于分析。从全体被调查者的人口统计学特性来看，性别为男性（59.2%），年龄为 20—30 岁（66.9%），学历为本科（66.9%），工作年限为 1—5 年（57.0%）在全体被调查者中所占比率较高，见表8－1。

表 8－1 调查问卷

类别		频数(人)	占比(%)
性别	男性	215	59.2
	女性	148	40.8
	总计	363	100
年龄	20—30 岁	243	66.9
	31—40 岁	105	28.9

续表

类别		频数（人）	占比（%）
年龄	41—50 岁	10	2.8
	50 岁以上	5	1.4
	总计	363	100
学历	高中	15	4.1
	本科	243	66.9
	硕士	52	14.3
	博士	2	0.6
	其他	51	14.1
	总计	363	100
工作年限	1—5 年	207	57.0
	6—10 年	132	36.4
	11—15 年	17	4.7
	20 年以上	7	1.9
	总计	363	100

第二节　研究变量概念和问卷构成

一　研究变量概念

（一）心理资本

该量表是由路桑斯等①研究而来。具体包含四个维度：自我效能、

① ［美］路桑斯、尤瑟夫、阿沃里欧：《心理资本》，李超平译，中国轻工业出版社 2008 年版。

希望、乐观、韧性，每个维度5个题目，总共24个项目；采用李克特5点计分，1表示完全不符合，2表示不太符合，3表示不确定，4表示比较符合，5表示完全符合。

（二）授权式领导力

领导授权行为指的是领导对下属赋予一定的权力，从而可以使员工感受到领导对其的信任和依赖，激发员工的工作积极性，使其可以更加投入工作。其有如下几点含义：首先是授权的一种行为方式，其次是对其员工授予权力的认可。并且这两层还在一定程度上具有较大的联系。本书采用 Arnold 等①的授权式领导力问卷，全要从以下几个维度开展，如以身作则（Leading by Example）、决策参与（Participative Decision Making）等，问卷选用其中的20个选项。

（三）工作重塑

对于工作重塑的测量，国内外目前主要借鉴 Slemp 和 Vella - Brodrick② 的包含任务重塑等方面。该量表共15个选项，每个维度5个题项，三个维度的信度介于0.83—0.87。中国学者尹奎等③对量表采取了本土化的检验，并且得到了良好的验证结果。

---

① Arnold J. A., Arad S., Rhoades J. A., "The Empowering Leadership Questionnaire: The Construction and Validation of a New Scale for Measuring Leader Behaviors", *Journal of Organizational Behavior*, 2000, 21 (3).

② Slemp G., Vella - Brodrick D., "The Job Crafting Questionnaire: A New Scale to Measure The Extent to Which Employees Engage In Job Crafting", *International Journal of Wellbeing*, 2013, 3 (2).

③ 尹奎、邢璐、汪佳：《授权型领导行为对员工任务绩效的非线性影响机制》，《心理科学》2016年第3期。

（四）工作安全感

采用 Oldham 编制的工作安全感量表在一定程度上可以对其公司的员工在工作过程中的积极性、稳定性等方面进行详细的分析，该量表总共涉及十个项目内容。比如说员工存在这样一种心理，只要我在这公司一天，那么就代表我有一天的工资等方面的问题。在此基础上，根据朱运清的量表对本书进行相应安全感的测量，总共包含 17 道大题，其中 15 个为题项，两个为维度。并且这两个维度首先是指工作稳定性，其次是指职业发展的前景。利用李克特 5 点计分的手段，并且对其进行计分的标准是从 1—5 分开始计量，如果对其所计分越高，那么就代表其越符合标准。在对其原来的量表进行相应的调整时应该采用信效度分析进行此操作，然后对其进行确定，其中包含题项和维度，数量分别为 7 和 2，并且也是以工作稳定性与职业前景为主。

二　问卷构成

本书通过问卷调查测量变量。问卷由授权式领导力、心理资本（自我效能感、希望、韧性、乐观）、工作重塑（任务重塑、关系重塑、认知重塑）、工作安全感四个部分组成，共 71 个项目，见表 8－2。

表 8－2　　问卷构成

变量名称		题目号	数量	出处
独立变量	心理资本	一、1—24	24	Luthans，Youssef et al.，PCQ①

① Luthans F.，Youssef C. M.，Avolio B. J.，*Psychological Capital Developing the Human Competitve Edge*，Oxford，UK：Oxford University Press，2007.

续表

变量名称		题目号	数量	出处
中介变量	工作重塑			Slemp，Vella－Brodrick，JCQ①
	任务重塑	一、1—5	5	
	关系重塑	二、6—10	5	
	认知重塑	三、11—15	5	
从属变量	工作安全感	三、1—7	7	Oldham，朱运清②
调节变量	授权式领导力	四、1—20	20	Arnoldet et al. ③
基本信息	性别、年龄、学历、工作年限	五、1—5	5	—
合计			71	—

三　分析方法

本书采取 SPSS 23.0 进行统计分析。具体来看，使用资料分析方法如下。第一，为了了解样本的人口统计学特征，采用频度分析（Frequency Analysis）。第二，为了检验样本的信度和效度，采用探索因子分析（Exploratory Factor Analysis）。第三，通过关联分析了解变量之间的关联关系，通过回归分析（Regression Analysis）验证文中的假设。第四，为了了解工作重塑的中介效应，采取了 Baron 和 Kenny④ 的分析方

① Slemp G.，Vella－brodrick D.，"The Job Crafting Questionnaire：A New Scale to Measure the Extent to Which Employees Engage in Job Crafting"，*International Journal of Wellbeing*，2013，3（2）.

② Oldham G. R.，"Relations Between Situational Factors and The Comparative Referents Used By Employees"，*Academy of Management Journal*，1986，29（3）.

③ Arnold J. A.，Arad S.，Rhoades J. A.，"The Empowering Leadership Questionnaire：The Construction and Validation of a New Scale for Measuring Leader Behaviors"，*Journal of Organizational Behavior*，2000，21（3）.

④ Baron R.，Kenny D.，"The Moderator-mediator Variable Distinction in Social Psychological Research：Conceptual，Strategic，and Statistical Considerations"，*Personality and Social Psychology*，1986，51.

法，再通过 Sobel 验证中介效应是否有效。第五，为确认授权式领导力的调节作用，进行分层回归分析（Hierarchical Regression Analysis）。

（一）效度分析

效度是对心理资本、工作重塑、工作安全感、授权式领导力，在对其变量进行相应的测量时应该从其真实有效性的角度来判断，一般情况下是采取问卷调查的方式，采用 SPSS23.0 软件进行因子分析（Factor Analysis），从而可以充分发挥出建构度方法的作用和价值，以此来对其进行详细的判断和规划。

本书采用主成分分析作为因素提取方法，因素数的决定只选择了特征值（Eigen Value）大于 1 的因素。另外，因素负荷量（Factor Loading）没有绝对的标准，但是在社会科学研究中，一般 0.4 以上将其视为有意义变量，0.5 以上将其视为重要变量，本书中也适用了这一标准。

本书将独立变量设定为心理资本，中介变量设定为工作重塑（认知重塑、任务重塑、关系重塑），调节变量设定为授权式领导力，从属变量设定为工作安全感，为了验证各个变量的测量结果是不是相互独立的，分别进行了因子分析。

1. 独立变量：心理资本

对测量独立变量心理资本的 24 个题目进行因子分析的结果见表 8－3。在因子分析中，出现了 9 个缺乏效度的题目，去除后重新实施。结果显示，构成心理资本的自我效能、希望、乐观、坚韧这四个因素并没有得到差别化的认识。因此，本书将心理资本整合为一个变量。

这支持了在 Luthans 等[①]的研究中，自我效能感、希望、韧性和乐观的概念不是单独进行理解的，其综合时能够更好地解释个人行为。

表 8－3 心理资本的因素分析

题目	因素
心理资本 11	0.807
心理资本 5	0.788
心理资本 20	0.756
心理资本 9	0.747
心理资本 3	0.741
心理资本 17	0.738
心理资本 14	0.728
心理资本 4	0.725
心理资本 2	0.697
心理资本 12	0.683
心理资本 8	0.677
心理资本 15	0.646
心理资本 10	0.628
心理资本 1	0.612
特征值	7.149
分散说明	51.067
累计分散说明	51.067

① Luthans F., Youssef C. M., Avolio B. J., *Psychological Capital Developing the Human Competitve Edge*, Oxford, UK: Oxford University Press, 2007.

2. 调节变量：授权式领导力

测量调剂变量授权式领导力的 20 个问题见表 8－4。因子分析结果中删除了因素值小于 0.4 的 3 个题目，调整为 17 个题目。变量因素值如下。

表 8－4　授权式领导力的因素分析

题目	因素
授权式领导力 7	0.870
授权式领导力 6	0.863
授权式领导力 12	0.848
授权式领导力 4	0.847
授权式领导力 3	0.847
授权式领导力 8	0.845
授权式领导力 13	0.837
授权式领导力 10	0.818
授权式领导力 15	0.817
授权式领导力 5	0.814
授权式领导力 16	0.805
授权式领导力 14	0.786
授权式领导力 2	0.782
授权式领导力 9	0.781
授权式领导力 11	0.769
授权式领导力 1	0.732

续表

题目	因素
授权式领导力 17	0.669
特征值	11.131
分散说明	65.476
累计分散说明	65.476

3. 中介变量：工作重塑

在因子分析的基础之上，把中介变量工作重塑划分为任务重塑、关系重塑、认知重塑三个因素。关系重塑 10 题，认知重塑 12 题、13 题，业务重塑 4 题，因素值不到 0.4 的题目被去除。结果显示，关系重塑的因素值为 2.606，认知重塑为 2.237，任务重塑为 2.757。

表 8－5 工作重塑的因素分析

题目	因素 1	因素 2	因素 3
关系重塑 7	0.864	0.230	0.054
关系重塑 8	0.810	0.296	0.004
关系重塑 9	0.626	0.202	0.403
关系重塑 6	0.626	0.098	0.274
认知重塑 15	0.167	0.854	0.115
认知重塑 14	0.198	0.842	0.178
认知重塑 11	0.339	0.652	0.254
任务重塑 5	0.003	0.064	0.846

续表

题目	因素 1	因素 2	因素 3
任务重塑 2	0.326	0.418	0.652
任务重塑 1	0.431	0.348	0.648
特征值	2.658	2.355	1.910
分散说明	26.583	23.546	19.101
累计分散说明	26.583	50.129	69.230

4. 从属变量：工作安全感

测量从属变量工作安全感的 7 个问题见表 8－6。变量因素值如下。

表 8－6　　工作安全感的因素分析

题目	因素
工作安全感 7	0.870
工作安全感 6	0.863
工作安全感 4	0.847
工作安全感 3	0.847
工作安全感 5	0.814
工作安全感 2	0.782
工作安全感 1	0.732
特征值	12.131
分散说明	67.346
累计分散说明	67.346

（二）信度分析

信度主要是指测量结果的可靠性（Dependability）、精确性（Accuracy）、稳定性（Stability）、可预测性（Predictability），为了查明作为测量工具使用的调查项目一致性的程度，因而进行了信度分析（Reliability test）。信度在一定程度上可以表现该数据的真实有效性。

Cronbach's Alpha 系数可以看作对其进行信度检验的标准。本书在对其进行一系列的研究和分析时也是充分将此方法应用到调查问卷的数据当中，如果在此过程中所表现的系数不同，那么就代表其问卷的信度也具备差异性。取值范围如下所示，分别为大于 0.8、0.65、0.65—0.8 之间，三者所代表的分别为问卷信度良好、最低的数值、可接受范围。根据表 8－7 可以。明显可以看出其 Cronbach's Alpha 值都在 0.7 以上，表明此信度较好。

表 8－7 研究变量的信度分析

变量名称		Cronbach's Alpha 值	题项数
心理资本		0.925	14
授权式领导力		0.966	17
工作重塑	任务重塑	0.764	3
	关系重塑	0.799	4
	认知重塑	0.800	3
工作安全感		0.809	7

第九章　研究结果

◇◇第一节　变量之间的相互关系

相关性分析（Corelation Analysis）是指变量之间的相关性，用来分析一个变量与其他变量的相关性和变化程度。这种相关性可以由相关系数确认，如果相关系数的数值小于0.2，则无相关性，0.4以下则判断为弱相关性，0.6以上说明有较强的相关性。本书中包括的各变量之间的相关性见表9-1。在显著性水平上表现出所有变量之间的显著相关性。作为独立变量的心理资本和作为从属变量的工作安全感表现出高相关性。作为从属变量的工作安全感和因变量工作重塑（任务重塑等）也表现出较高的相关性。

表9-1　变量相关关系分析

因素	A	B	C	D	E	F	G	H	I	J	K
性别	1	—	—	—	—	—	—	—	—	—	—
年龄	0.023	1	—	—	—	—	—	—	—	—	—

续表

因素	A	B	C	D	E	F	G	H	I	J	K
学历	0.071	-0.041	1	—	—	—	—	—	—	—	—
职位	-0.063	0.258**	0.172**	1	—	—	—	—	—	—	—
工作年限	0.000	0.662**	-0.045	0.252**	1	—	—	—	—	—	—
心理资本	-.174**	0.136**	0.021	0.136**	0.102	1	—	—	—	—	—
授权领导力	-0.014	0.138**	0.113*	0.164**	0.084	0.406**	1	—	—	—	—
任务重塑	-0.093	0.041	-0.039	-0.023	0.038	0.238**	0.099	1	—	—	—
关系重塑	0.101*	0.014	-0.089	0.009	0.006	0.170**	0.148**	0.547**	1	—	—
认知重塑	-0.109*	0.116*	-0.061	-0.029	0.005	0.203**	0.213**	0.561**	0.560**	1	—
工作安全感	0.063	0.096*	0.093	0.237**	0.099*	0.394**	0.513**	0.415**	0.417**	0.292**	1

注：$*p<0.05$，$**p<0.01$，$***p<0.001$，$n=363$。

第二节　假设验证

相关关系分析只能表明变量间有没有存在关系，但没有办法解释变量之间是否存在因果关系以及变量间的影响方向和大小。所以，在相关分析的基础上进一步采取回归分析对研究假设和理论模型依次进行检验。

一　心理资本与工作重塑之间的回归分析

关于心理资本和工作重塑的关系假设分析见表 9－2。

表 9－2　关于心理资本和工作重塑的关系假设分析

假设	内　容
假设 1	心理资本对工作重塑产生正向作用
假设 1－1	心理资本对任务重塑产生正向作用
假设 1－2	心理资本对认知重塑产生正向作用
假设 1－3	心理资本对关系重塑产生正向作用

把心理资本、任务重塑分别看作此过程当中的自变量和因变量，然后根据其数据进行相应的回归分析，结论见表 9－3。可以看出，F 值为 4.091（$p=0.000$）表明回归效果好，调整后的 R^2 为 0.049，表明心理资本对任务重塑产生了显著作用。同时 β 值为 0.234（$p<0.001$），表明心理资本与任务重塑显著正相关。即假设 1－1 心理资本对任务重塑产生正向作用得到数据支持，被采纳。

表 9－3　心理资本对任务重塑的回归分析

因素	非标准化回归系数		T 值	标准化回归系数
	B 的估计值	标准误差		β
常数	2.976	0.256	11.616	—
性别	－0.071	0.069	－1.027	－0.054
年龄	0.011	0.073	0.148	0.010
学历	－0.024	0.045	－0.527	－0.028

续表

因素	非标准化回归系数		T 值	标准化回归系数
	B 的估计值	标准误差		β
工作年限	0.021	0.065	0.317	0.022
心理资本	0.247	0.056	4.431	0.234***
$F=4.091(p=0.000)$, Adj $R^2=0.049$				

注：$*p<0.05$，$**p<0.01$，$***p<0.001$。

把心理资本当作自变量、认知重塑当作因变量，进行回归分析，回归分析的结果见表9-4。可以看出，F值为4.660（$p=0.000$）表明回归效果好，调整后的R^2为0.057，表明心理资本对认知重塑产生了显著作用。并且β值为0.185（$p<0.001$）。表明心理资本对认知重塑有着显著的正相关。即假设1-2心理资本对认知重塑产生正向作用得到数据支持，被采纳。

表9-4　心理资本对认知重塑的回归分析

因素	非标准化回归系数		t	标准化回归系数
	B 的估计值	标准误差		β
常数	3.102	0.275	11.291	—
性别	-0.117	0.074	-1.577	-0.082
年龄	0.216	0.078	2.769	0.191**
学历	-0.042	0.048	-0.864	-0.045
工作年限	-0.126	0.069	-1.819	-0.125**
心理资本	0.210	0.060	3.523	0.185***
$F=4.660(p=0.000)$, Adj $R^2=0.057$				

注：$*p<0.05$，$**p<0.01$，$***p<0.001$。

把心理资本、关系重塑分别看作此过程当中的自变量和因变量，然后根据其数据进行相应的回归分析，结论见表9－5。可以看出，F值为2.620（$p=0.005$）表明回归效果好，调整后的R^2为0.026，表明心理资本对关系重塑有着显著作用。同时β值为0.161（$p<0.01$）。表明心理资本与关系重塑显著正相关。即假设1－3心理资本对关系重塑产生正向作用得到数据支持，被采纳。

表9－5　　心理资本对关系重塑的回归分析

因素	非标准化回归系数		t	标准化回归系数
	B的估计值	标准误差		β
常数	3.078	0.313	9.835	—
性别	－0.111	0.085	－1.309	－0.069
年龄	－0.002	0.089	－0.019	－0.001
学历	－0.092	0.055	－1.665	－0.088
工作年限	－0.016	0.079	－0.198	－0.014
心理资本	0.205	0.068	3.007	0.161**
$F=2.620(p=0.005)$, Adj $R^2=0.026$				

注：* $p<0.05$，** $p<0.01$，*** $p<0.001$。

二　心理资本与工作安全感之间的回归分析

关于心理资本和工作安全感的关系假设分析见表9－6。

表9－6　　关于心理资本和工作安全感的关系假设分析

假设	内　容
假设2	心理资本和工作安全感正相关

把心理资本当作自变量，工作安全感当作因变量，进行回归分析，回归分析的结果见表9－7。可以看出，F值为7.380（p＝0.000）表明回归效果好，调整后的R^2为0.068，表明心理资本对认知重塑有着显著作用。同时β值为0.488（p＜0.001）。表明心理资本与工作安全感显著正相关。即假设2心理资本和工作安全感正相关得到数据支持，被采纳。

表9－7　　心理资本对工作安全感的回归分析

因素	工作安全感	
	Model1	Model2
性别	0.078	0.028
年龄	0.345**	0.188**
学历	0.049	−0.056
工作年限	0.169*	0.051
工作安全感	—	0.488**
$F=7.380(p=0.000)$, Adj $R^2=0.068$		

注：* $p<0.05$，** $p<0.01$，*** $p<0.001$。

三　工作重塑与工作安全感之间的回归分析

关于工作重塑和工作安全感的关系假设分析见表9－8。

表9－8　　关于工作重塑和工作安全感的关系假设分析

假设	内　容
假设3	工作重塑与工作安全感正相关
假设3－1	任务重塑与工作安全感正相关
假设3－2	认知重塑与工作安全感正相关
假设3－3	关系重塑与工作安全感正相关

在员工的工作重塑与工作安全感之间的回归分析检验中，本书总共对其四个模型进行相应的探究。首先，在对其第二部分的回归线性分析时与第一部分完全一致，在此阶段需要把员工的工作安全感设置为因变量，此行为需要在 SPSS 23.0 软件上操作，与此同时自变量为性别等方面，构建模型 1；其次，保持因变量不变，然后使其自变量发生相应的变动，构建模型 2；再次，在上述所说的条件下，将其任务重塑变换成认知重塑，构建模型 3；最后，也是在上述条件之下将其认知重塑转变为关系重塑，构建模型 4。此过程就需要对上述所有的模型进行线性回归分析，然后再根据其结果进行对比，见表 9－9。

表 9－9　　工作重塑对工作安全感的回归分析

因素	Model1	Model2	Model3	Model4
性别	0.078	0.059	0.039	0.070
年龄	0.345**	0.238**	0.243**	0.301**
学历	0.049	−0.029	−0.013	0.029
工作年限	0.169*	0.051	0.113	0.139
任务重塑	—	0.393**	—	0.185***
认知重塑	—	—	0.376**	—
关系重塑	—	—	—	0.258**
R^2	0.078	0.216	0.207	0.143
调整后的 R^2	0.068	0.206	0.194	0.131
F	7.380**	19.198**	17.898**	26.511**

注：* $p<0.05$，** $p<0.01$，*** $p<0.001$。

根据表 9－9 可以发现，在模型 1 当中的 R^2 为 0.078，此时就代表其控制变量对其员工变革支持行为变异的解释数值。模型 2 中的 R^2 为 0.216，跟其模型 1 当中的数值进行对比明显可以看出比其多了 0.138，此时就可以将其的解释率看作 13.8%，其显著性检验结果是显著的（$p<0.01$）。因此假设 3－1 任务重塑与工作安全感呈正向关系成立。

模型 3 中的 R^2 为 0.207，数值明显比模型 1 当中的多了 0.09，代表模型 3 当中的变异解释率为 9%，此时也是显著的（$p<0.01$）。因此假设 3－2 认知重塑与工作安全感呈正向关系成立。

在模型 4 的基础上，表明模型 3 中的 R^2 为 0.143，其解释率为 7.3%，主要是由于与其模型 1 的数值进行对比，比其高出了 0.073。表明其是显著的（$p<0.01$）。所以，假设 3－3 关系重塑与工作安全感呈正向关系成立。

四　工作重塑的中介作用检验

中介变量在一定程度上能对其自变量和因变量两者之间所产生的联系与变动进行相应的解释和阐述，与此同时，自变量也会通过中介变量对其因变量进行相应的影响。上述过程将其称为中介的影响，可以说是完全中介。自变量对其因变量有着较为直接的影响，但是与此同时，自变量当中的一部分也会通过中介变量对其造成影响，此行为将其称为部分中介。在对其进行相应的验证与测量时充分运用了 Baron 和 Kenny 的建议，想要变成中介变量，那么必须符合如下几种条件，见表 9－10。首先是自变量会对其中介变量产生相应的影响；其次是自变量会对因变量造成影响；再次是中介变量会对其因变量造成相应的影响；最后则是对其中介变量进行相应的调控，自变量对因变量的影响减少

(部分中介) 或没有 (完全中介)。关于工作重塑的中介作用假设分析见表 9－11。

表 9－10　　参数分析方法

阶段	条　件
阶段 1	独立变量对参数有显著影响
阶段 2	独立变量对从属变量有显著影响
阶段 3	独立变量和参数对从属变量有显著影响

资料来源：Baron 和 Kenny（1986）。

表 9－11　　关于工作重塑的中介作用假设分析

假设	内　容
假设 4	工作重塑在心理资本和工作安全感之间起中介作用
假设 4－1	任务重塑在心理资本和工作安全感之间起中介作用
假设 4－2	认知重塑在心理资本和工作安全感之间起中介作用
假设 4－3	关系重塑在心理资本和工作安全感之间起中介作用

(一) 任务重塑的中介作用分析

在对其进行中介作用分析时分为如下几个环节。首先，需要将其控制变量，也就是参与者的年龄等方面看作子研究过程中的自变量，然后将其因变量看作员工的工作安全感，此时才可以根据模型 1 进行相应的回归分析；其次，在以上条件下，将其心理资本也看作此过程当中的自变量，然后再对其进行模型 2 的回归分析；最后，将在此基础上对其需要加入任务重塑看作自变量，员工的工作安全感依旧是因变量，见表 9－12。

表 9－12　　任务重塑的部分中介效果检验

因素	Model1	T1	Model2	T2	Model3	T3
性别	0. 078	1. 509	0. 028	0. 590	0. 029	0. 475
年龄	0. 345 **	4. 531	0. 188 **	2. 726 **	0. 138 *	1. 684 *
学历	0. 049	0. 932	－0. 056	－1. 168	－0. 098 *	－2. 161
工作年限	0. 169 *	2. 240	0. 051	0. 747	－0. 020	－0. 307
心理资本	—	—	0. 488	10. 096 **	0. 436 **	8. 790 **
任务重塑	—	—	—	—	0. 292 **	6. 232 **
R^2	0. 078		0. 288		0. 360	
调整后的 R^2	0. 068		0. 278		0. 349	
F	7. 380 **		27. 988 **		32. 411	

在任务重塑对心理资本与工作安全感的中介效应检验中，在模型 2 的条件上，然后添加任务重塑对其进行模型 3 的构建，此时对两者进行相应的回归线性分析，根据回归线性分析的结论可以明显看出，模型 3 中心理资本对工作安全感的影响因素由 0. 488 下降到 0. 436，但是对其的显著影响依然存在。代表任务重塑一部分中介心理资本和员工工作安全感之间的关系，即心理资本通过影响员工的任务重塑对员工工作安全感产生影响。因此假设 4－1 任务重塑在心理资本和工作安全感之间起中介作用成立。

(二) 认知重塑的中介作用分析

在对其进行认知重塑中介作用分析时分为如下几个环节。首先需要将其控制变量，也就是参与者的年龄等方面看作子研究过程中的自变量，然后将其因变量看作员工的工作安全感，此时才可以根据模型 1 进行相应的回归分析；其次是在以上的条件下，将其心理资本也看作此过程当中的自变量，然后再对其进行模型 2 的回归分析；最后，在控制变量与心理资本的基础上对其需要加入任务重塑看作自变量，员工的工作安全感依旧是因变量，见表 9－13。

表 9－13　　认知重塑的部分中介效果检验

因素	Model1	T1	Model2	T2	Model4	T4
性别	0. 078	1. 509	0. 028	0. 590	0. 010	0. 288
年龄	0. 345**	4. 531	0. 188**	2. 726**	0. 147*	2. 173*
学历	0. 049	0. 932	－0. 056	－1. 168	－0. 078	－1. 705
工作年限	0. 169*	2. 240	0. 051	0. 747	0. 034	0. 515
心理资本	—	—	0. 488**	10. 096**	0. 417**	8. 225**
认知重塑	—	—	—	—	0. 244**	5. 031**
R^2	0. 078		0. 288		0. 336	
调整后的 R^2	0. 068		0. 278		0. 324	
F	7. 380**		27. 988**		29. 178**	

在认知重塑对心理资本与工作安全感的中介效应检验中，在模型 2 的条件上，然后添加任务重塑对其进行模型 4 的构建，此时对其两者进行相应的回归线性分析，根据回归线性分析的结论可以明显看出模型 4

中心理资本对工作安全感的影响因素由0.488下降到0.417，但是对其的显著影响依然存在。表明了任务重塑一部分中介心理资本和员工工作安全感之间的关系，即心理资本通过影响员工的认知重塑来对员工工作安全感产生影响。因此假设4－2认知重塑在心理资本和工作安全感之间起中介作用成立。

（三）关系重塑的中介作用分析

在对心理资本与工作安全感进行关系重塑中介作用分析时分为如下几个环节。首先需要将其控制变量，也就是将参与者的年龄等方面看作子研究过程中的自变量，然后将其因变量看作员工的工作安全感，此时才可以根据模型1进行相应的回归分析；其次是在以上的条件下，将其心理资本也看作此过程当中的自变量，然后再对其进行模型2的回归分析；最后，在控制变量与心理资本的基础上对其需要加入任务重塑看作自变量，员工的工作安全感依旧是因变量，见表9－14。

表9－14　　关系重塑的部分中介效果检验

因素	Model1	T1	Model2	T2	Model5	T5
性别	0.078	1.509	0.028	0.590	0.026	0.572
年龄	0.345**	4.531	0.188**	2.726**	0.171*	2.498*
学历	0.049	0.932	－0.056	－1.168	－0.061	－1.319
工作年限	0.169*	2.240	0.051	0.747	0.039	0.582
心理资本	—	—	0.488**	10.096**	0.473**	9.357**
关系重塑	—	—	—	—	0.177**	3.851**

续表

因素	Model1	T1	Model2	T2	Model5	T5
R^2	0.078		0.288		0.317	
调整后的 R^2	0.068		0.278		0.305	
F	7.380**		27.988**		26.729**	

在关系重塑对心理资本与工作安全感的中介效应，在模型 2 的条件下，然后添加任务重塑来对其进行模型 5 的构建，此时对两者进行相应的回归线性分析，根据回归线性分析的结论可以明显看出，模型 4 中心理资本对工作安全感的影响因素由 0.488 下降到 0.473，但是对其的显著影响依然存在。表明了任务重塑一部分中介心理资本和员工工作安全感之间的关系，即心理资本通过影响员工的关系重塑对员工工作安全感产生影响。因此假设 4－3 关系重塑在心理资本和工作安全感之间起中介作用成立。

（四）中介作用的进一步检验

为了进一步验证员工的工作重塑在心理资本对工作安全感的影响研究中的部分中介作用，使用 Bootstrapping 检验手段，结果见表 9－15。

表 9－15　　工作重塑对心理资本与员工工作安全感关系的 Bootsrapping 中介效应检验

Direct effect	Effect	SE	t	p	LLCI	ULCI
	0.4088	**0.0561**	**7.3698**	**0.000**	**0.3003**	**0.5189**
Indirect effect	Effect	BootSE	—	—	BootLLCI	BootULCI

续表

Direct effect	Effect	SE	t	p	LLCI	ULCI
	0.4088	**0.0561**	**7.3698**	**0.000**	**0.3003**	**0.5189**
Total	0.1527	0.0424	—	—	0.0793	0.2439
任务重塑(TC)	0.0646	0.0248	—	—	0.0227	0.1208
认知重塑(CC)	0.0663	0.0296	—	—	0.0192	0.1332
关系重塑(RC)	0.0221	0.0142	—	—	0.0009	0.0554

依据上述表格的结论可以明显看出。首先，心理资本对员工的工作安全的直接效应为0.4088，95%的置信区间的值都超过了0，表现为显著相关（$p<0.001$）。其次，在对其进行间接效应的检验过程当中，员工的任务重塑等会影响心理资本对其工作安全感造成的影响，此时其置信区间为［0.0227，0.1208］等，并且所有的数值都超过了0，代表其间接效应是有效的。从而使其员工的任务重塑等在心理资本对员工工作安全感的影响中起部分中介作用，进一步验证了假设。

五　授权领导力调节作用验证

本书为了验证授权领导力在心理资本与工作重塑之间的调节效应，考虑到性别、年龄、学历等控制变量的影响，选择使用分层多元回归对主要变量进行回归分析，见表9－16。在进行回归分析之前对数据进行了标准化和多重共线性检测，并没有发现预测变量之间有明显的共线性问题，这表明回归分析的结果是可信的。

表 9－16 关于授权式领导力在心理资本与任务重塑之间的调节作用假设分析

假设	内 容
假设 5	授权领导力在心理资本与工作重塑之间起正向的调节作用
假设 5－1	授权领导力在心理资本与任务重塑之间起正向的调节作用
假设 5－2	授权领导力在心理资本与认知重塑之间起正向的调节作用
假设 5－3	授权领导力在心理资本与关系重塑之间起正向的调节作用

第一，把性别、年龄和学历等控制变量放进模型 1，此模型成立（R^2 =0.064），证明性别、年龄和学历等控制变量能够阐明任务重塑总体变异的 6.4%。并且年龄（0.010）、工作年限（0.022）与任务重塑正相关。第二，加上授权领导力的主效应（模型 2），根据表 9－17，F 值为 3.508，R^2 值为 0.065，能够解释任务重塑变异的 6.5%，比模型 1 增加了 0.1 的解释力，模型 2 成立。第三，加上心理资本×授权领导力（模型 3），F 值为 3.081，R^2 值为 0.065。即假设 5－1 授权领导力在心理资本对任务重塑之间起正向的调节作用得到数据支持，被采纳。

表 9－17 授权领导力在心理资本与任务重塑之间的调节作用检验

因素	模型 1		模型 2		模型 3	
	β	t	β	t	β	t
性别	－0.054	－1.027	－0.055	－1.039	－0.057	－1.076
年龄	0.010	0.148	0.009	0.128	0.012	0.174

续表

因素	模型 1		模型 2		模型 3	
	β	t	β	t	β	t
学历	-0.028	-0.527	-0.029	-0.550	-0.032	-0.598
职位	-0.062	-1.122	-0.063	-1.141	-0.061	-1.093
工作年限	0.022	0.317	0.022	0.323	0.017	0.236
心理资本	0.234***	4.431	0.228***	3.965	0.222***	3.749
授权领导力	—	—	0.016	0.276	0.014	0.243
心理资本×授权领导力	—	—	—	—	0.022	0.386
R^2	0.064		0.065		0.065	
Adj R^2	0.049		0.046		0.044	
ΔR^2	—		0.000		0.000	
F	4.091***		3.508***		3.081***	

注：* p<0.05，** P<0.01，*** p<0.001。

表 9-18　授权领导力在心理资本与认知重塑之间的调节作用检验

因素	模型 1		模型 2		模型 3	
	β	t	β	t	β	t
性别	-0.082	-1.577	-0.091	-1.763	-0.108	-2.086
年龄	0.191**	2.769	0.177*	2.588	0.200**	2.933
学历	-0.045	-0.864	-0.060	-1.161	-0.081	-1.549

续表

因素	模型 1		模型 2		模型 3	
	β	t	β	t	β	t
职位	-0.070	-1.283	-0.084	-1.556	-0.069	-1.276
工作年限	-0.125	-1.819	-0.120	-1.769	-0.159*	-2.231
心理资本	0.185***	3.523	0.118*	2.096	0.080	1.380
授权领导力	—	—	0.170**	3.028	0.157**	2.814
心理资本×授权领导力	—	—	—	—	0.150***	2.773
R^2	0.073		0.096		0.115	
Adj R^2	0.057		0.078		0.095	
ΔR^2	0.000		0.003		0.006	
F	4.660***		5.396***		5.772***	

注：* p<0.05，** P<0.01，*** p<0.001。

第一，把性别、年龄和学历等控制变量放进模型 1，此模型成立（R^2 =0.073），证明性别、年龄和学历等控制变量能够阐明认知重塑总体变异的 7.3%。并且年龄（0.191）与认知重塑正相关。第二，加上授权领导力的主效应（模型 2），根据表 9-18，F 值为 5.396，R^2 值为 0.096，能够解释认知重塑变异的 9.6%，比模型 1 增加了 2.3 的解释力，模型 2 成立。第三，加上心理资本×授权领导力（模型 3），F 值为 5.772，R^2 值为 0.115，能够阐明认知重塑变异的 11.5%，比模型 1 增加了 1.9 的解释力，即假设 5-2 授权领导力在心理资本对认知重塑之间起正向的调节作用得到数据支持，被采纳。

表 9－19　授权领导力在心理资本与关系重塑之间的调节作用检验

因素	模型 1		模型 2		模型 3	
	β	t	β	t	β	t
性别	－0.069	－1.309	－0.075	－1.424	－0.092	－1.739
年龄	－0.001	－0.019	－0.011	－0.155	0.012	0.178
学历	－0.088	－1.655	－0.099	－1.856	－0.119	－2.234
职位	－0.062	－1.122	－0.063	－1.141	－0.061	－1.093
工作年限	0.022	0.035	－0.008	－0.138	0.008	0.141
心理资本	0.161***	3.007	0.116*	1.999	0.077	1.299
授权领导力	—	—	0.115*	1.996	0.102	1.779
心理资本×授权领导力	—	—	—	—	0.151***	2.713
R^2	0.042		0.053		0.072	
Adj R^2	0.026		0.034		0.051	
ΔR^2	—		0.007		0.001	
F	2.620***		2.834***		3.444***	

注：* p<0.05，** P<0.01，*** p<0.001。

第一，把性别、年龄和学历等控制变量放进模型 1，此模型成立（R^2 =0.042），证明性别、年龄和学历等控制变量能够阐明关系重塑总体变异的4.2%。并且工作年限（0.022）与关系重塑正相关。第二，加上授权领导力的主效应（模型 2），根据表 9－19，F 值为 2.834，R^2值为0.053，能够解释关系重塑变异的5.3%，比模型 1 增加了 1.1 的解释力，模型2 成立。第三，加上心理资本×授权领导力（模型3），F 值为3. 444，R^2值为0. 072，能够阐明关系重塑变异的7. 2%，相较于模型1提高了2. 1 的解释力，即假设5－3 授权领导力在心理资本对关系重塑之间起正向的调节作用得到数据支持，被采纳。

第三节　分析结果

本章对一系列问卷调查数据进行了统计，分析程序采用了管理学的问卷调查法进行实证分析，并在此基础上对所构建的理论模型进行了验证。对调查结果进行了可靠性测试和数据分析，在信效度满足要求时，对调查结果进行描述和相关性分析，以便为以后的假定测试做好铺垫。在此基础上，运用 Baron 和 Kenny 的中介效应模型、程序公平中介效应模型对假设进行了验证。最后，我们对这本书所提的8 项假设进行了验证，结果8 项假设是正确的。各个假设的测试见表9－20。

表9－20　　结果验证

假设编号	假设内容	验证结果
1	心理资本对工作重塑产生正向作用	支持
1－1	心理资本对任务重塑产生正向作用	支持
1－2	心理资本对认知重塑产生正向作用	支持
1－3	心理资本对关系重塑产生正向作用	支持
2	心理资本和工作安全感呈正相关关系	支持

续表

假设编号	假设内容	验证结果
3	工作重塑与工作安全感呈正相关关系	支持
3-1	任务重塑与工作安全感呈正相关关系	支持
3-2	认知重塑与工作安全感呈正相关关系	支持
3-3	关系重塑与工作安全感呈正相关关系	支持
4	工作重塑在心理资本和工作安全感之间起中介作用	部分支持
4-1	任务重塑在心理资本和工作安全感之间起中介作用	部分支持
4-2	认知重塑在心理资本和工作安全感之间起中介作用	部分支持
4-3	关系重塑在心理资本和工作安全感之间起中介作用	部分支持
5	授权型领导对员工的心理资本与工作重塑之间起正向调节作用	支持
5-1	授权型领导对员工的心理资本与任务重塑之间起正向调节作用	支持
5-2	授权型领导对员工的心理资本与认知重塑之间起正向调节作用	支持
5-3	授权型领导对员工的心理资本与关系重塑之间起正向调节作用	支持

第十章　结论与展望

◇第一节　研究结论及管理建议

本书以 363 个有效的调查问卷为基础，对心理资本与工作安全感进行了相应的假定检验。从理论上和经验上的研究发现，在工作中，心理资本可以对雇员的工作安全感有正面的作用，并且可以对工作重塑产生积极作用，对其工作过程中的主动性产生积极的影响。从理论模式的实证结果可以看出，在四个路径上，心理资本可以对雇员的工作安全感有显著的作用。第一，心理资本对雇员的工作安全感有正向的作用；第二，心理资本对工作安全感有一定的影响，它可以间接起到工作重塑的中介作用；第三，心理资本可以对工作安全感产生影响，即对雇员的认识重构起到一定的调节效果；第四，心理资本能够通过影响员工关系重塑的中介作用对员工的工作安全感产生影响。

综上所述，心理资本在员工工作过程中不仅能够直接对员工的工作安全感产生积极的影响，此外，还可以激励雇员进行工作重塑（任务重塑、认知重塑以及重新建立人际关系），进而对其工作绩效产生更大的作用，以下是对其的详细剖析。

一 心理资本能够对员工的工作安全感产生积极影响

当雇员们工作时，如果员工的心理资本和认知度较高，则能够在面对工作中出现的矛盾和冲突时，表现出积极寻求机会、努力实现目标的行为举止，它不但对企业经营的绩效和效率起到了正面的作用，而且还可以为其他员工提供“角色榜样”。在具有较高的精神资本和较高的认知水平的员工担任“角色榜样”时，另一些员工则在上班期间，也会较为积极地面对和解决任务难题。与此同时，具有积极与消极心理资本的雇员相互交流，一起探讨在工作中遇到的问题和需要的资源，也能鼓励员工积极参加企业发展计划。

二 心理资本能够对员工的工作重塑产生积极影响

（一）心理资本能够对员工的任务重塑产生积极影响

心理资本使员工表现出积极的组织行为并努力获得高的工作表现及正面情绪，可以让员工在面对工作与其自身的工作能力不相符的情况下，调节自己的工作效率，心态等方面因素，以更好的方式来应对复杂的工作环境和工作难度。

（二）心理资本能够对员工的认知重塑产生积极影响

心理资本在改善动机状态与态度的同时，也非常关注员工自身的工作价值与工作绩效，员工在进行工作时倾向于承担额外的任务或使用积极的策略，以减少工作障碍，有助于使员工在工作中获得成就感，体会到工作的重要性，有利于员工在职业生涯发展过程中进行认知重塑，从而认识到心理资本与认知重塑的重要性。

（三）心理资本能够对员工的关系重塑产生积极影响

具有正面精神的员工在工作中更加偏向于主动寻找机遇、坦然接受事实并且保持积极乐观的态度对未来的发展可能，表现出的是员工的一种主动性行为的倾向，它有助于建立一个良好的组织环境，以促进企业内部的交流与合作，进而推动企业内部的良好的人际关系重构。

三　员工的工作重塑能够对员工的工作安全感产生积极影响

（一）员工的任务重塑能够对员工的工作安全感产生积极影响

当员工在工作过程中进行任务重塑时，会根据不同的工作任务调整自己的工作范围、提高自己的水平以及工作需求和资源的匹配程度，从而提升自己的工作意识，勇于正视事业发展中遇到的问题和难题，储存额外的工作需求和工作资源，提高工作安全感。

（二）员工的认知重塑能够对员工的工作安全感产生积极影响

当员工在工作过程中进行认知重塑时，借由对企业发展的认知与价值观的转变，让他们了解到工作重塑对于个体与企业的发展之重要，进而提升其对企业发展的责任与归属感，降低工作不安全感，减少内心的焦虑感与工作倦怠。

（三）员工的关系重塑能够对员工的工作安全感产生积极影响

在公司发展重塑的同时，员工也会随着公司的发展而调整其与上司及同事之间的交流方式，从而使其更具团队精神，帮助领导及同事；加快工作投入度和工作绩效的进步，进而提升员工的工作安全感。

四　工作重塑部分中介心理资本对员工工作安全感产生的影响

（一）员工的任务重塑部分中介心理资本对员工工作安全感产生的影响

较高的精神资本能使员工表现得更具信心和毅力，也更愿意投身于工作，对工作的投入和付出会使他们获得更高的绩效和组织认可，这会帮助员工积极地重塑自己的工作，通过变更任务类型、数量以及范围，增加自己在工作中的成功率，提高员工的工作安全感。

（二）员工的认知重塑部分心理资本对员工工作安全感产生的影响

心理资本是工作中重要的积极心理资源，它为员工在实现自我价值和履行社会责任时赋予更多内在能量，使员工更具意志力和变通性，更倾向于主动地去改变自己的工作范围，促进员工开展积极的认知重塑，感受到工作的意义和心理资本的重要性，这种思想中产生出来的积极情绪可以降低由工作要求造成的工作不安全感。

（三）员工的关系重塑部分中介心理资本对员工工作安全感产生的影响

组织中，当员工面临过度竞争和薪酬提升以及工作丧失、人际关系等危险问题的时候，高水平的自我效能、希望、乐观和韧性使得员工可以有效地进行自身状态的调整，并迅速恢复自身精力，与其他员工进行不断沟通，这样不但可以和其他雇员建立更密切的联系，并且可以作为一个模范，激励他们与自己的上司和同事进行交流和合作，使自身的工作安全感提高，进而为组织发展贡献自己的一份力量。

第二节　理论贡献与实践启示

当今的公司，由于其面临着日益激烈的市场竞争、资金回报压力、技术革新和管理的不断革新，使得现代公司的组织策略的制定越来越频繁，这就需要让每一位员工的主人翁意识得到激发进而贡献出自己的力量，使组织迅速地应对外部环境的巨大变化，促进组织的未来发展。通过对相关资料的研究发现，本书在理论上和实际上具有重要意义。

一　理论贡献

本书以 SDT 为基础，建构了工作重构的基本理论体系，研究心理资本对员工安全感的影响机制模型并检验员工工作重塑的中介效应，希望能为有关的理论和实践做出一些有益的贡献，具体如下。

第一，丰富了国内环境下的心理资本经验研究。本书根据 SDT 理论框架，把心理资本当作前因变量，以工作重构为中介变量，对员工的工作稳定性和工作安全感进行了分析。这不仅为员工工作安全感的影响因素研究提出了新的参考方法，在此基础上，同时对领导力的理论进行了充分扩展。

第二，加强对雇员工作安全感的作用机理的探讨，研究结果表明，工作重构对提高工作安全的心理因素起到了重要的中介效应。通过对工作稳定性的统计，发现了在工作重塑（任务重塑、认知重塑、人际关系重塑）的影响因素，从而使工作设计的理论运用于企业的变化决策支持系统具有一定的借鉴意义。

二　实践启示

基于对工作安全感的心理学因素的实证分析，本书从组织层面、领导者层面、雇员个人层面（追随者）三方面对企业的未来经营实践提出以下几点建议，为企业改革的实施提供一些借鉴。

（一）企业应该为员工提供积极的影响，创造一个积极的环境来促进发展氛围

从机构层次来看，从以下几个方面提出了相关的建议。

第一，企业需意识到员工的心理资本对工作重塑效果影响的重要性，应当注重人岗适配，帮助员工提高工作要求和资源的匹配度，提高其心理资本从而使其工作安全感增强，确保员工的可持续充分发展。在组织中，如果雇员的心理资本是负面的，它不但会对其精神和行为状况造成负面的影响，而且会使他们的工作受到损害，甚至会对他们和公司的长远发展造成障碍。因此，管理者应该高度关注这一问题，并在企业中建立“人才”的管理思想。特别是在招聘阶段要强化对人才的甄别，在用人单位进行人才选拔时，要注意人才与岗位的协调，注意工作需求与人力资源的均衡。要善于发掘求职者的长处，选择适合自己的岗位，做到恰如其分、人尽其用，避免浪费人力，让他们处在一种高度工作安全感的工作环境中，因此，让其能保持一个健康良好的工作状态。此外，企业也难免会招募一些心理资产较低的雇员。对于这一类型的人

员，公司进行了培训和发展，提供了必要的人力资本，提高了他们的工作能力和技术水平。根据对其进行能力评价，对其进行适当调整，以充分利用其长处，增强其工作的安全感。

第二，通过职业重塑可以有效地减轻心理资产对工作安全感的负作用。通过对工作重构的认识，可以促进其工作能力和技术水平的提高，使其在工作中的自我管理水平得到增强，这样才能更好地处理、应对新的工作难题，获得新的发展机遇。这会减缓员工心理资本消极引发的工作安全感不高的危险。因此，企业的领导者必须正确理解企业的工作重构，优化资源配置，创造必要的人文氛围，建立相应的体制机制。

第三，在工作重塑成效较低的情况下，要合理安排人力，确定他们需要多少资源来做这项工作，并组织相应的人员进行相应的训练，制订相应的方案；为他们提供结构化的指导，以协助及激励他们发展工作所需要的能力与技巧，提升他们在工作中的独立性，让他们可以自由调整工作。与此同时，公司和经理要主动地进行岗位再造，建立相应的制度，密切注意员工的降低工作需求的行为，并对其进行规范和指导，防止因盲目地减少需求而导致脱离组织的目的，使其与公司及组织的宗旨相适应，提高员工的工作安全感并且促进自身的可持续全面发展。

第四，对于授权式领导力赋权程度低的员工，工作重塑能够高效减轻心理资本对工作安全感的负面影响。首先，要对资源进行最优分配，对基层员工赋予一定权责，并且激励员工进行自我发展。其次，为员工提供有关训练，确定自己的工作任务和所需的人力物力，并根据自己的需求，制订相应的工作方案，协助他们获得自己所需的组织和社交的工作，以达到自己的目的。再次，要改进公司的文化环境，为员工创造良好的经营条件和经营场所；使员工增强工作自主性，勇于增加挑战性工作要求，充分发挥自身的能力和潜力；提供更多、更好的发展机会，在企业内部形成勇于挑战、勇于创新的环境。最后，公司应建立健全系统，为员工提供技术支撑，引导、监控、解决不合理的方案和工作要求，让工作更加顺利。

（二）领导者应重视员工需求，做好授权

在领导层次，本书从五个方面提出了一些建议，领导应该意识到员工对企业转型的重要性，做好员工的表率行为，促进员工的工作改造。

第一，管理者要意识到，在组织的国外工作中员工是非常重要的个体因素。作为一个独立的个体，其内部的互动和其自身的积极性都会对其发展起到一定的作用。德鲁克认为，“管理者要尊敬每个员工，雇员才是公司的实际掌控者”，经理人应把重点放到公司与雇员之间，而不要把精力集中于自己的决定和维持自己的权力位置上。

第二，要对雇员进行正面的评价，肯定员工的工作价值，增强交流，勇于委派。对工作人员的工作价值观予以正面的评价，并与其进行交流，尽力为其提供切实的帮助。有很多公司管理者面临着公司经营过程中不断变化的企业环境时，要使雇员快速发展，不但要提供充足的人力、物力支援，更要积极地赋予权力，以使其得到全面的认可。

第三，管理者在组织发展的过程中应积极促进员工有益的工作重塑行为。在企业的发展中，领导不仅要处理好问题，还要解决好员工的工作难题，加强沟通，给予员工一定的工作自主性，通过对企业内部的有效改造，可以使企业的业绩指标和员工的基本的精神需要得到充分的满足。

（三）员工应进行适当的工作重塑

在员工个人（追随者）层次，本书从工作重塑、认知重塑和人际关

系重塑三个角度给出了一些意见。

第一，就工作重塑来说，要使雇员能够灵活地调整自己的工作范围，以使其能够更好地适应企业的工作。在员工工作过程中，工作任务随着组织持续调整发展目标，将会是一种常规的工作方式，在面对工作任务与自身能力水平不相适应时，个人要主动地对自己的工作任务数量和类型进行调节。

第二，从企业的认知重塑角度，企业应该对公司的海外工作和个人工作的意义重新进行定义。员工与管理层在正式或非正式的情况下进行有效沟通，使得雇员可以更多地了解到公司对于海外工作的重视，并了解到在企业的长期发展中，海外工作对于公司的长期发展至关重要。另外，还要充分认识到自己的工作在企业可持续发展中的作用，从而激发其工作热情。

第三，在企业的关系重塑中，雇员应该以多种形式和其他人员进行有效的交流。在积极参与公司的各种工作中，与其他部门或小组之间进行交流和合作，并能从上级和同事那里得到一些有用的意见，从而使他们的工作更高效。

第三节　研究局限与未来展望

一　研究局限

本书通过对员工任务重塑、认知重塑和人际关系重塑等因素的考察，对其产生的影响机理进行了初步的探讨，并且通过对上述结果的实证研究，得到了相应的结果。但在回溯到整个实验的过程中，本书仍然存在部分问题。第一，样本调查设计和调查问卷的收集方式须进一步改善。研究样本的广泛性存在一定不足，本书的样本主要来自日本、韩国、新加坡等亚洲国家，样品的采样范围比较狭窄；对心理资本、工作安全感、工作重塑等因素的研究都是以雇员自我评价为基础进行的。这样便于搜集调查问卷，但同时也会因工作人员主观因素而对调查的正确率有一定的影响。第二，由于本书主要研究分析在工作重塑过程中，心理资本在工作稳定性与安全感之间的中介作用，因此，关于心理资本的作用的边际状况并不十分重视，在何种情形下，如何使其充分利用，尚有待进一步探讨。

二 研究展望

根据本书的结论及研究成果的局限性，笔者认为未来的研究者可以从两个方向进行探讨。第一，在问卷调查和资料搜集时，可以采取直接上司和下级人员的配对，以增加抽样的覆盖。在调查问卷的编制上，目前已有的工作重点是对收集员自我评价，以改善资料收集的客观和精确度。可以考虑使用“领导—雇员成对”的问卷调查。在资料搜集上，资料来自亚洲的一些国家，如日本、韩国和新加坡等，由于各大公司加速走向国际化，努力搜集欧美各国的样本可以使我们的调查资料更加全面、完善。

第二，积极探索随着时代变迁员工们工作重塑的发展状态。目前的工作重塑研究模式多集中于在一个较为静止的工作情境中进行工作重塑的研究。实际上，随着时代的变迁，员工的工作再塑造过程也会发生变化。今后，研究者可以对员工在工作过程中随着时间变化会产生怎样的效果进行更深入的研究。

参考文献

中文文献

蔡进雄：《论心理资本与学校经营领导》，《台湾教育双月刊》2006 年第 9 期。

陈国权、陈子栋：《领导授权行为对员工学习能力影响机制研究》，《科研管理》2017 年第 3 期。

陈洪安、张欣：《领导授权赋能行为研究述评与展望》，《中国管理学年论文集》2017 年第 2 期。

陈宁：《常见伤害医疗救援手册》，中国医药科技出版社 2015 年版。

陈晓萍、徐淑英、樊景立：《组织与管理研究的实证方法》，北京大学出版社 2008 年版。

陈璇：《授权型领导对知识型员工创新绩效的影响关系研究——基于目标设置的中介作用和心理资本的调节作用》，硕士学位论文，安徽大学，2017 年。

陈雪平：《技工院校学生心理健康状况调查与思考——以金华市高级技工学校为例》，《产业与科技论坛》2015 年第 14 期。

丁成莉：《企业员工的心理资本对其工作绩效和工作卷入的影响》，硕士学位论文，河南大学，2009 年。

冯冬冬、陆昌勤、萧爱铃：《工作不安全感与幸福感、绩效的关系：自我效能感的作用》，《心理学报》2008 年第 4 期。

高芳、陈海平：《企业员工职业生涯高原、工作不安全感与组织承诺的关系研究》，《心度研究》2010 年第 2 期。

杜伟珊：《开放大学教师心理资本对工作投入的影响：控制感和工作不安全感的多重中介效应》，《广西师范大学学报》（哲学社会科学版）2019 年第 4 期。

桂晓玲、李智博、朱培嘉等：《医务人员工作倦怠与工作安全感、离职意愿的相关研究》，《中国卫生事业管理》2013 年第 8 期。

郭欣：《变革型领导对员工工作重塑的影响机制研究》，《现代商业》2020 年第 22 期。

何文心、刘新梅：《建设性争辩、真实型领导对工作重塑与创新的影响》，《软科学》2021 年第 1 期。

侯二秀、陈树文、长青：《知识员工心理资本对创新绩效的影响：心理契约的中介》，《科学学与科学技术管理》2012 年第 6 期。

侯昭华、宋合义：《工作复杂情境下悖论式领导对员工工作重塑的影响研究》，《预测》2021 年第 1 期。

胡睿玲、田喜洲：《重构工作身份与意义——工作重塑研究述评》，《外国经济与管理》2015 年第 10 期。

胡三嫚、李中斌：《企业员工工作不安全感的实证分析》，《心理学探新》2010 年第 2 期。

胡三嫚、刘明月、徐东芳：《企业员工自我感知可雇佣性、程序公平与离职意向的关系研究》,《中国劳动关系学院学报》2015 年第 1 期。

胡三嫚、刘明前:《工作不安全感及其对工作投入度与生活满意感的影响》,《中国健康心理学杂志》2011 年第 1 期。

胡三嫚、佐斌:《工作不安全感及其对工作压力感、工作满意感和绩效的影响》,《中国健康心理学杂志》2007 年第 2 期。

胡三嫚:《企业员工工作不安全感影响效应的交叉滞后分析》,《中国临床心理学杂志》2017 年第 5 期。

胡三嫚:《工作不安全感的研究现状与展望》,《心理科学进展》2007 年第 6 期。

胡三嫚:《工作不安全感及其对组织结果变量的影响机制》,博士学位论文,华中师范大学,2008 年。

黄金梅、秦江梅、李新辉等:《医护工作投入和工作特征现况及相关分析》,《中国卫生事业管理》2012 年第 8 期。

黄蕾:《工作安全感对员工工作投入的影响机制研究——组织认同的中介作用以及工作复杂性的调节作用》,《知识经济》2019 年第 28 期。

惠青山:《中国职工心理资本内容结构及其与态度行为变量关系实证研究》,博士学位论文,暨南大学,2009 年。

姜海云:《工作重塑对员工工作幸福感的影响研究》,硕士学位论文,石河子大学,2017 年。

蒋建武、赵曙明:《心理资本与战略人力资源管理》,《经济管理》2007 年第 9 期。

金涛、施建军、徐燕:《工作安全感对员工情感承诺的影响机制研究》,《现代管理科学》2013 年第 2 期。

柯江林、孙健敏、李永瑞:《心理资本:本土量表的开发及中西比较》,

《心理学报》2009 年第 9 期。

柯江林、孙健敏：《心理资本对工作满意度、组织承诺与离职倾向的影响》，《经济与管理研究》2014 年第 1 期。

李辉：《工作资源对员工创新行为的影响研究：基于资源保存理论的视角》，《南京工业大学学报》（社会科学版）2018 年第 6 期。

李金珍、王文忠：《施建农积极心理学一种新的研究方向》，《心理科学进展》2003 年第 3 期。

李力、廖晓明：《积极心理资本测量及其与工作投入的关系——基于高校积极组织管理的视角》，《江西社会科学》2011 年第 12 期。

李雪松：《工作压力与高职教师工作满意度：心理资本的调节作用》，《职业技术教育》2011 年第 28 期。

李雪松：《工作压力与高职教师心理契约：心理资本的调节作用》，《南方职业教育学刊》2011 年第 4 期。

李英、班博：《国际人力资源管理》，山东人民出版社 2004 年版。

李英庆：《中原油田派驻海外工作员工薪酬福利制度研究》，硕士学位论文，西南石油大学，2013 年。

李志、李业川：《工作不安全感影响因素及对策研究》，《现代管理科学》2008 年第 2 期。

梁潇杰、于桂兰、付博：《与上级关系好的员工一定会建言吗？——基于资源保存理论的双中介模型》，《管理评论》2019 年第 4 期。

林美珍、罗忠恒：《授权型领导负面效应的形成机制：基于"过犹不及"理论》，《首都经济贸易大学学报》2017 年第 5 期。

凌文轻、方俐洛：《心理与行为测量》，机械工业出版社 2003 年版。

刘春航：《跨国公司战略与中国本土企业的发展》，机械工业出版社

2010年版。

刘建平、付丹：《高校教师的职业倦怠与心理健康关系：心理资本的中介与调节作用》，《心理与行为研究》2013年第6期。

刘可、尤黎明、陈少贤等：《中国医院护士组织支持的现状及相关因素调查》，《中华护理杂志》2011年第10期。

刘淑桢、叶龙、郭名：《工作不安全感如何成为创新行为的助推力——基于压力认知评价理论的研究》，《经济管理》2019年第11期。

刘莹、张丹、周娟：《基于平衡计分卡的医院绩效管理的研究》，《中国冶金工业医学杂志》2016年第2期。

刘云、杨东涛、安彦蓉：《挑战性—阻碍性压力与工作幸福感关系研究：基于工作重塑的中介作用》，《当代经济管理》2009年第8期。

刘云硕、叶龙、郭名：《中国情境下工作重塑对员工创造力的影响研究》，《软科学》2019年第5期。

王杏珊：《工作重塑对工作投入的影响研究》，博士学位论文，华南理工大学，2017年。

罗灵：《论发展知识经济与健全知识产权制度的关系》，《法制与社会》2011年第3期。

吕旭宁、白新文：《工作重塑对科研机构知识产权人员工作投入、满意度和工作绩效的影响》，《科学管理研究》2017年第2期。

马文达：《职场排斥对工作不安全感的影响研究》，硕士学位论文，东北财经大学，2016年。

毛翠云、杨娜：《基于计划行为理论的工作重塑行为影响因素的综合模型》，《中国集体经济》2020年第34期。

孟睿智：《变革型领导与员工工作不安全感：组织政治知觉的中介作

用》，《生产力研究》2011年第7期。

倪丹、郑晓明：《辱虐管理对道德推脱的影响：基于自我调节理论》，《科学学与科学技术管理》2018年第7期。

欧亚萍：《真实型领导对员工工作不安全感的影响：心理资本和心理授权的中介作用》，硕士学位论文，山东师范大学，2017年。

庞书一、郑兴山、唐宁玉：《授权型领导行为对员工绩效非线性影响机制研究》，《西南民族大学学报》（自然科学版）2013年第1期。

彭坚、王霄：《与上司“心有灵犀”会让你的工作更出色吗？——追随原型一致性、工作投入与工作绩效》，《心理学报》2016年第9期。

齐亚静、伍新春：《中小学教师工作重塑问卷的编制》，《心理行为研究》2016年第4期。

秦亚男：《职场友谊、情感承诺与工作重塑的关系研究》，东北财经大学，硕士学位论文，2016年。

宋兆岩：《企业员工心理资本、工作不安全感和工作绩效的关系》，硕士学位论文，河北大学，2015年。

隋杨、王辉、岳旖旎等：《变革型领导对员工绩效和满意度的影响：心理资本的中介作用及程序公平的调节作用》，《心理学报》2012年第9期。

孙倩、张博：《知识型员工工作重塑的溢出效应：以谦逊型领导为前导》，《牡丹江师范学院学报》（社会科学版）2020年第1期。

唐文佳：《跨边界员工角色模糊对工作不安全感影响的实证研究》，硕士学位论文，南京航空航天大学，2016年。

田启涛：《服务型领导唤起员工工作重塑热情机制研究》，《软科学》2018年第6期。

田喜洲、刘美玲：《基于个体优势的工作重塑》，《心理科学进展》2017 年第 9 期。

田喜洲、彭小平、郭新宇：《工作重塑干预：概念、设计与影响》，《外国经济与管理》2017 年第 12 期。

田喜洲、蒲勇健：《积极心理资本及其在旅游业人力资源管理中的应用》，《旅游科学》2008 年第 1 期。

田喜洲、谢晋宇：《组织支持感对员工工作行为的影响：心理资本中介作用的实证研究》，《南开管理评论》2010 年第 1 期。

汪向东：《心理卫生评定量表手册（增订版）》，中国心理卫生杂志社 1999 年版。

王丁：《心理资本不同干预方式有效性的对比研究》，博士学位论文，北京师范大学，2012 年。

王弘钰、崔智淞：《教练型领导如何促进员工工作重塑？——一个多层次被调节的中介模型》，《江苏社会科学》2018 年第 2 期。

王辉、武朝艳、张燕等：《领导授权赋能行为的维度确认与测量》，《心理学报》2008 年第 12 期。

王姣艳、潘威：《心理资本视角下特殊教育教师职业心理素质发展的思考》，《现代特殊教育》2016 年第 16 期。

王仁华：《工作重塑对工作繁荣的影响机制研究》，博士学位论文，华中师范大学，2018 年。

王松、唐孔顺、梁建：《工作不安全感对安全绩效的影响——基于某大型电力公司的实证研究》，《中国安全生产科学技术》2016 年第 2 期。

王伟、于吉萍、张善良：《授权型领导对员工隐性知识分享的影响机制——内部人身份感知的中介作用与职场友谊的调节作用》，《科技进步与对策》2019 年第 7 期。

王雅茹、吴杲、王晓等：《科技进步与对策》，《科技管理研究》2018 年第 7 期。

王雅茹、吴杲、王晓等：《知识型员工的工作不安全感：影响及控制手段》，《科技管理研究》2018 年第 7 期。

王雁飞、朱瑜：《心理资本理论与相关研究进展》，《外国经济与管理》2007 年第 5 期。

王颖：《团队工作重塑与团队创新绩效：团队人力资本的中介作用》，硕士学位论文，云南财经大学，2018 年。

王钰、刘罡：《全球性流动员工的福利趋势》，《美世咨询》2005 年第 12 期。

王忠、陈晗、黄倩倩：《知识型员工工作重塑问卷开发研究》，《科技进步与对策》2019 年第 2 期。

王忠军、龙立荣：《知识经济时代社会资本与职业生涯成功关系探析》，《外国经济与管理》2005 年第 2 期。

魏华飞、古继宝、张淑林：《授权型领导影响知识型员工创新的信任机制》，《科研管理》2020 年第 4 期。

吴伟炯：《中小学教师心理资本及其相关因素研究》，硕士学位论文，广州大学，2011 年。

李晓艳、周二华：《心理资本与情绪劳动策略、工作倦怠的关系研究》，《管理科学》2013 年第 1 期。

徐琳、王济干、樊传浩：《授权型领导对员工亲组织非伦理行为的影响：一个链式中介模型》，《科学学与科学技术管理》2018 年第 6 期。

徐长江、陈实：《工作重塑干预：对员工工作自主性的培养》，《心理科学进展》2018 年第 8 期。

许颖：《工作压力、工作绩效与心理资本关系研究》，《郑州轻工业学院学报》（社会科学版）2013 年第 5 期。

杨建春、毛江华：《授权型领导对酒店员工创新服务行为的影响研究》，《软科学》2019 年第 11 期。

杨英、龙立荣、周丽芳：《授权风险考量与授权行为：领导—成员交换和集权度的作用》，《心理学报》2010 年第 8 期。

杨英、龙立荣：《基于风险感知的管理授权实证研究》，《科学学与科学技术管理》2009 年第 3 期。

叶仁荪、倪昌红、黄顺春：《职场排斥、职场边缘化对员工离职意愿的影响：员工绩效的调节作用》，《管理评论》2015 年第 8 期。

尹奎、邢璐、汪佳：《授权型领导行为对员工任务绩效的非线性影响机制》，《心理科学》2016 年第 3 期。

于丹丹、赵海楠：《探析“心理普查”为依托的心理健康教育模式》，《吉林省经济管理干部学院学报》2016 年第 1 期。

于坤、刘晓燕：《越多安全感，越少加班？工作安全感与核心自我评价对加班行为的影响》，《中国人力资源开发》2017 年第 1 期。

于亚妹：《员工正念与工作重塑之间关系的研究：以职业高原为调节变量》，硕士学位论文，东北财经大学，2017 年。

余佩玉、许苗苗、郑文智：《员工变革支持行为的影响机制研究——基于对员工社交媒体内容的评估》，《上海管理科学》2018 年第 6 期。

袁雪峰：《国外关于员工激励研究的借鉴及启示》，《国际经济观察》2010 年第 11 期。

张传宝、张宁、李银飞：《知识经济下的企业经济管理创新研究》，《科技经济导刊》2019 年第 2 期。

张春雨、韦嘉、陈谢平等：《工作设计的新视角：员工的工作重塑》，《心理科学进展》2012 年第 8 期。

张阔、张赛、董颖红：《积极心理资本：测量及其与心理健康的关系》，《心理与行为研究》2010 年第 1 期。

张莉、林与川、张林：《工作不安全感与情绪耗竭：情绪劳动的中介作用》，《管理科学》2013 年第 3 期。

张莉、林与川、张林：《工作不安全感对情绪耗竭的影响——社会支持的调节作用》，《科研管理》2014 年第 3 期。

张璇、龙立荣、夏冉：《心理契约破裂和员工沉默行为：一个被调节的中介作用模型》，《工业工程与管理》2017 年第 5 期。

张燕、王辉、陈昭全：《授权赋能研究的进展》，《南大商学评论》2006 年第 4 期。

张勇、龙立荣：《人—工作匹配、工作不安全感对雇员创造力的影响——一个有中介的调节效应模型检验》，《南开管理评论》2013 年第 5 期。

赵小云、李福华：《中小学教师的组织支持感、工作重塑与主观职业成功的关系》，《教师教育研究》2019 年第 2 期。

赵娅：《工作重塑、心理资本对知识员工创新行为的影响》，《企业经济》2020 年第 10 期。

仲理峰：《心理资本对员工的工作绩效、组织承诺及组织公民行为的影响》，《心理学报》2007 年第 2 期。

仲理峰：《心理资本研究评述与展望》，《心理科学进展》2007 年第 3 期。

周浩、龙立荣:《基于自我效能感调节作用的工作不安全感对建言行为的影响研究》,《管理学学报》2013 年第 10 期。

周浩:《心理资本对任务绩效、关系绩效的影响效应研究》,《中国科技论坛》2011 年第 7 期。

周俊杰:《精细化管理在企业的应用研究——以煤炭企业为例》,《中国商论》2017 年第 14 期。

朱朴义、胡蓓:《科技人才工作不安全感对创新行为影响研究》,《科学学研究》2014 年第 9 期。

朱瑜、李云健、马智妍:《员工组织规避劳动合同法认知、工作不安全感与组织报复行为的关系:基于华南地区新生代员工的实证研究》,《管理评论》2014 年第 3 期。

朱运清:《广东地区企事业员工工作安全感及其对组织承诺、离职倾向的影响》,硕士学位论文,华南师范大学,2007 年。

[美] 路桑斯、尤瑟夫、阿沃里欧:《心理资本》,李超平译,中国轻工业出版社 2008 年版。

外文文献

Adam M. Grant, "Relational Job Design and the Motivation to Make a Prosocial Difference", *The Academy of Management Review*, 2007, 32 (2).

Adams E., Heath - Camp B., Camp W. G., "Vocational Teacher Stress and The Educational System", *Journal of Vocational Education Research*, 1999, 24 (3).

Ahearne M., Mathieu J., Rapp A., et al., "To Empower or Not to Empower Your Sales Force? An Empirical Examination of the Influence of

Leadership Empowerment Behavior on Customer Satisfaction and Performance", *Journal of Vocational Behavior*, 2005, 31 (3).

Albrecht S. L., Andreetta M., "The Influence of Empowering Leadership, Empowerment and Engagement on Affective Commitment and Turnover Intentions in Community Health Service Workers: Test of a Model", *Leadership in Health Services*, 2011, 24 (3).

Ames C., "Classrooms Goals, Structures, and Student Motivation", *Journal of Educational Psychological Review*, 1988, 95 (2).

Amundsen S., Martinsen L., "Empowering Leadership: Construct Clarification, Conceptualization, and Validation of a New Scale", *The Leadership Quarterly*, 2014a, 25 (3).

Amundsen S., Martinsen L., "Self – other Agreement in Empowering Leadership: Relationships with Leader Effectiveness and Subordinates' Job Satisfaction and Turnover Intention", *The Leadership Quarterly*, 2014b, 25 (4).

Arnold J. A., Arad S., Rhoades J. A., "The Empowering Leadership Questionnaire: The Construction and Validation of a New Scale for Measuring Leader Behaviors", *Journal of Organizational Behavior*, 2000, 21 (3).

Arsenault, Dolan, "The Role of Personality, Occupation and Organization in Understanding between Job Stress, Performance and Absenteeism", *Journal of Occupational Psychology*, 1983 (56).

Aryee S., Srinivas E. S., Tan H., "Rhythms of Life: Antecedents and Outcomes of Work – family Balance in Employed Parents", *Journal of Applied Psychology*, 2005, 90 (1).

Ashford S. J. , Lee C. , Bobko P. , "Content, Causes, And Consequences of Job Insecurity: A Theory – Based Measure and Substantive Test", *Academy of Management Journal*, 1989, 32 (4) .

Avey James B. , Wemsing Tara S. , Luthans Fred, "Can Positive Employees Help Positive Organizational Change?", *Journal of Applied Behavioral Science*, 2008, 44 (1) .

Avey J. B. , Luthans F. , Jensen S. M. , "Psychological Capital: A Positive Resource for Combating Employee Stress and Turnover", *Human Resource Management*, 2009, 48 (5) .

Avey J. B. , Patera J. L. , West B. J. , "The Implications of Positive Psychological Capital on Employee Absenteeism", *Journal of Leadership & Organizational Studies*, 2006, 13 (2) .

Avolio B. , Luthans F. , *The High Impact Leader: Moments Matter in Accelerating Authentic Leadership Development*, New York: Mc Graw – Hill, 2006.

Bakker A. B. , Bal, M. P. , "Weekly Work Engagement and Performance: A Study Among Starting Teachers", *Journal of Occupational and Organizational Psychology*, 2010, 83 (1) .

Bakker A. B. , Demerouti E. , "TheJob Demands – Resources Model: State of The Art", *Journal of Managerial Psychology*, 2010, 22.

Bakker A. B. , Tims M. , Derks D. , "The Role of Job Crafting and Work Engagement: Proactive Personality and Job Performance", *Humanrelations*, 2012, 65 (10) .

Bakker A. B. , Demerouti E. , "Towards a Model of Work Engagement", *Career Development International*, 2008, 13 (3) .

Bandura A. , Social Foundations of Thought and Action: A Social Cognitive Theory, *Englewood Cliffs*, Prentice – Hall, 1986.

Bandura A. , "General Self – Efficacy in Various Domains of Human Functioning: Evidence from Five Countries", *International Journal of Psychology*, 2005, 40 (2) .

Bandura A. , Jourden F. J. , "Self – Regulatory Mechanisms Governing the Impact of Social Comparison on Complex Decision Making", *Journal of Personality and Social Psychology*, 1991.

Bar – On R. , *Emotional Quotient Inventory*: *Technical Manual*, Toronto: Multi – Health Systems Ins. , 1997.

Bar – On R. , *The Development of a Concept of Psychological Well – Being*, Unpublished Doctoral Dissertation, South Africa: Rhodes University, 1988.

Bavik A. , Bavik Y. L. , Tang P. M. , "Servant Leadership, Employee Job Crafting, and Citizenship Behaviors: A Cross – Level Investigation", *Cornell Hospitality Quarterly*, 2017, 58 (4) .

Belkic K. l. , Landsbergis P. A. , Schnall P. L. , et al. , "Is Job Strain a Major Source of Cardiovascular Disease Risk", *Scared J Work Environ Health*, 2004, 30 (2) .

Berg J. M. , Duton J. E. , Wrzesniewski A. , "Job Crafting and Meaningful Work", in B. J. Dik, Z. S. Byrne, M. F. Steger Eds. , *Purpose and Meaning in the Workplace*, American Psychological Association, 2013.

Berg J. M. , Wrzesniewski A. , Dutton J. E. , "Perceiving and Responding to Challenges in Job Crafting at Different Ranks: When Proactivity

Requires Adaptivity", *Journal of Organizational Behavior*, 2010, 31 (2-3).

Bester J., Stander M. W., Van Zyl L. E., "Leadership Empowering Behaviour, Psychological Empowerment, Organisational Citizenship Behaviours and Turnover in tention in a Manufacturing Division", *SA Journal of Industrial Psychology*, 2015, 41 (1).

Bhanugopan R., "An Empirical Investigation of Job Burnout Among Expatriates", *Personnel Review*, 2013, 35 (35).

Blackburn R. T., Horowitz S. M., Edington D. W., et al., "University Faculty and Administrator Responses to Job Strains", *Research in Higher Education*, 1986, 25.

Blau J. R., Alba R. D., "Empowering Nets of Participation", *Administrative Science Quarterly*, 1982.

Borg M. G., Riding R. J., "Stress in Teaching: A Study of Occupational Stress and Its Determinants, Job Satisfaction and Career Commitment Among Primary School Teachers", *Educational Psychology*, 1991.

Bowers D. G., Seashore S. E., "Predicting Organizational Effectiveness with a Four-Factor Theory of Leadership", *Administrative Science Quarterly*, 1966.

Britt T. W., Bartone P. T., Adlera C., "Deriving Benefits From Stressful Events: Therole of Engagement in Meaningingful Work and Hardness", *Journal of Occupational Health Psychology*, 2001, 6 (1).

Brockner J., "Self-Esteem at Work: Research, Theory and Practice", Lexington, MA: Lexington Books, 1988.

Brown R. D. , Bond S. , Gerndt J. , et al. , "Stress On Campus: An Interactional Perspective", *Research in Higher Education*, 1986. 24 (1) .

Brummelhuis L. L. , Bakker A. B. , "Staying Engaged During the Week: The Effect of Off – Job Activities on Next Day Work Engagement", *Journal of Occupational Health Psychology*, 2012, 17 (4) .

Buelens M. , Poelmans S. A. Y. , "Enriching the Spence and Robbins' Typology of Workaholism: Demographic, Motivational and Organizational Correlates", *Journal of Organization Change Management*, 2004, 17 (5) .

Burke R. J. , "Workaholism Among Women Managers: Personal and Workplace Correlates", *Journal of Managerial Psychology*, 2006, 15 (6) .

Burke R. J. , "Workaholism in Organizations: Measurement Validation and Replication", *International Journal of Stress Management*, 1999, 6.

Burke R. J. , "Workaholism in Organizations: The Role of Organizational Values", *Personnel Review*, 2001, 30.

Burke R. J. , Oberklaid F. , Burgess Z. , "Workaholism Among Australian Women Psychologists: Antecedents and Consequences", *Women in Management Review*, 2004, 19 (5) .

Burke R. J. , "Workaholism in Organizations, Psychological and Physical Well – Being Consequences", *Stress Medicine*, 2000, 16 (1) .

Burke R. J. , Macdermid G. , "Are Workaholics Job Satisfied and Successful in Their Careers?", *Career Development International*, 1999, 4 (5) .

Burke R. J. , Matthiesen S. B. , Pallesen S. , "Personality Correlates of Workaholism", *Personality and Individual Difference*, 2006, 40.

Burns J. M. , *Leadership*, New York: Harper & Row, 1978.

Clark S. C. , "Work Cultures and Work/Family Balance", *Journal of Vocational Behavior*, 2001, 58.

Carlson D. S. , Perrewe P. L. , "The Role of Social Support in The Stressor – Strain Relationship: An Examination of Work – Family Conflict", *Journal of Management*, 1999, 25.

Carlson D. S. , Witt L. A. , Zivnuska S. , et al. , "Supervisor Appraisal As The Link Between Family – Work Balance and Contextual Performance", *Journal of Business & Psychology*, 2008, 23 (1).

Carmeli A. , Schaubroeck J. , Tishler A. , "How CEO Empowering Leadership Shapes Top Management Team Processes: Implications for Firm Performance", *The Leadership Quarterly*, 2011, 22 (2).

Cenciotti R. , Alessandri G. , Borgogni L. , "Psychological Capital and Career Success Over Time: The Mediating Role of Job Crafting", *Journal of Leadership & Organizational Studies*, 2017, 24 (3).

Chen G. , Kirkman B. L. , Kanfer R. , et al. , "A Multilevel Study of Leadership, Empowerment, and Performance in Teams", *Journal of Applied Psychology*, 2007a, 92 (2).

Chen G. , Sharma P. N. , Edinger S. K. , et al. , "Motivating and Demotivating Forces in Teams: Cross – Level Influences of Empowering Leadership and Relationship Conflict", *Journal of Applied Psychology*, 2011, 96 (3).

Cheng J. – C. , Chen C. – Y. , Teng H. – Y. , et al. , "Tour Leaders'Job – Crafting and Job Outcomes: The Moderating Role of Perceived Organizational Support", *Tourism Management Perspectives*, 2016, 20.

Cheng H. L. , Chan K. S. , "Who Suffers More From Job Insecurity? A Meta - Analytic Review", *Applied Psychology*: *An International Review*, 2008, 57 (2) .

Cheong M. , Spain S. M. , Yammarino F. J. , et al. , "Two Faces of Empowering Leadership: Enabling and Burdening", *The Leadership Quarterly*, 2016, 27 (4) .

Cherniss C. , *Staff Burnout - Job Stress in the Human Service*, California: Sage Publieation, 1980.

Chua R. Y. - J. , Iyengar S. S. , "Empowerment through Choice? A Critical Analysis of the Effects of Choice in Organizations", *Research in Organizational Behavior*, 2006, 27.

Clar S. C. , "Work/Family Border Theory: A New Theory of Work/Life Balance", *Human Relations*, 2000, 53 (6) .

Clark L. A. , Mcewen J. L. , Collard L. M. , et al. , "Symptoms and Traits Ofpersonality Disorder: Two New Methods in Their Assessment", *Psychological Assessment*, 1993, 5.

Clark L. A. , Livesley W. J. , Schroeder M. L. , et al. , "Convergence of Two Systems for Assessing Specific Traits of Personality Disorder", *Psychological Assessment*, 1996, 8.

Clegg C. , Spencer C. , "A Circular and Dynamic Model of the Process of Job Design", *Journal of Occupational and Organizational Psychology*, 2007, 80 (2) .

Coleman D. , Boyatzis R. , Mc Kee A. , *Primal Leadership*: *Realizing the Power of Emotional Intelligence*, Boston: Harvard Business School

Press, 2002.

Coleman D. , "What Makes a Leader?", *Harvard Business Review*, 1998, (76) .

Conger J. A. , Kanungo R. N. , "The Empowerment Process: Integrating Theory and Practice", *Academy of Management Review*, 1988, 13 (3) .

Cooper. C. L. , Marshall J. , *Understanding Executive Stress*, Macmillan Press, 1978.

Cropanzano R. , "Social Exchange Theory: An Inter Disciplinary Review", *Journal of Management*, 2205, 31 (69) .

Crouter A. C. , Bumpus M. F. , Maguire M. C. , et al. , "Linking Parents'Work Pressure and Adolescents' Well – Being: Insights Into Dynamics in Dual – Earner Families", *Developmental Psychology*, 1999, 35 (6) .

D. C. , Mclelland, *Human Motivation*, Socott: Foresman, 1985.

D. G. , *Emotional Intelligence*, New York: Bantom, 1995.

D. P. Ausubel, *Educational Psychology: A Cognitive View*, New York: Holt Rinehart & Wilson, 1977.

Davy J. A. , Kinicki A. J. , Scheck C. L. , "Developing and Testing a Model of Survivor Responses to Lay Offs", *Journal of Vocational Behavior*, 1991, 38 (3) .

De Witte H. , "Job Insecurity and Psychological Well – Being: Review of the Literature and Exploration of Some Unresolved Issues", *European Journal of Workand Organizational Psychology*, 1999, 8 (2) .

De Witte H. , "Job Insecurity: Review of the International Literature on Definitions, Prevalence, Antecedents and Consequences", *Sa Journal of In-*

dustrial Psychology, 2005, 31 (4) .

Debacquerd, Pelfrene E. , Clays E. , et al. , "Perceived Job Sterss and Incidence of Coronary Events: 3 – Year Follow – Up of the Bel – Gian Job Sterss Project Cohort", *American Journal of Epidemiology*, 2005, 161 (5) .

Delery J. E. , Doty D. H. , "Modes of Theorizing in Strategic Human Resource Management: Tests of Universalistic, Contingency, and Configurations, Performance Predictions", *Academy of Management Journal*, 1996, 39 (4) .

Demerouti E. , Bakker A. , Nahreiner F. , et al. , "The Job Demands – Resouces Model of Bumout", *Journal of Applied Psychology*, 2001, 86 (3) .

Den Hartog D. N. , De Hoogh A. H. B. , "Empowering Behaviour and Leader Fairness and Integrity: Studying Perceptions of Ethical Leader Behaviour from a Levels – of – analysis Perspective", *European Journal of Work and Organizational Psychology*, 2009, 18 (2) .

Dewettinck K. , Van Ameijde M. , "Linking Leadership Empowerment Behaviour to Employee Attitudes and Behavioural Intentions: Testing the Mediating Role of Psychological Empowerment", *Personnel Review*, 2011, 40 (3) .

Dlict, Andrew J. , "Appranch and Avoidance Motivation and Achievement Goale", *Fdwntional Psydwlogise*, 1999, 34 (3) .

Douglas E. J. , Morris R. , "Workaholic, or Just Hard Worker?" *Career Development International*, 2006, 11 (5) .

Drucker P. F. , *The Essential Drucker: the Best of Sixty Years of Peter Drucker's Essential Writings on Management*, Collins, 2008.

Dweck C. S. , Elliot E. S. , "Achievement Motivation", in Mussen P. H. Hetherington E. M. , Handbook of Child Psychology: Social Anpersonality Development, *Newyork*: *Wiley*, 1983.

Elst T. V. , Broeck A. V. D. , Cuyper N. D. , et al. , "On the Reciprocal Relationship Between Job Insecurity and Employee Well-Being: Mediation By Perceived Control?", *Journal of Occupational & Organizational Psychology*, 2014, 87 (4) .

Ensley M. D. , Hmieleski K. M. , Pearce C. L. , "The Importance of Vertical and Shared Leadership within Bew Venture Top Management Teams: Implications for the Performance of Startups", *Leadership Quarterly*, 2006, 17 (3) .

Esteves T. , Pereira Lopes M. , "Leading to Crafting: The Relation between Leadership Perception and Nurses' Job Crafting", *Western Journal of Nursing Research*, 2017, 39 (6) .

Eysenck H. J. , "Addiction, Personality and Motivation", *Human Psychoph Armacology*, 1997, 12.

Feng D. D. , L. , C. Q. , Siu O. L. , "Job Insecurity, Well-Being, and Job Performance: The Role of General Self-Efficacy", *Acta Psychologica Sinica*, 2008, 40 (4) .

Fischbach A. , *Determinants of Emotion Work*, Doctoral Dissertation, Frankfurt University, 2003.

Flowers C. P. , Robinson B. A. , "Structural and Discriminate Analysis of the

Work Addiction Risk Test", *Educational and Psychological Measurement*, 2002, 62.

Fong K. H., Snape E., "Empowering Leadership, Psychological Empowerment and Employee Outcomes: Testing a Multi – level Mediating Model", *British Journal of Management*, 2015, 26 (1).

Forrester R., "Empowerment: Rejuvenating a Potent Idea", *Academy of Management Perspectives*, 2000, 4 (3).

Foster – Fishman P. G., Keys C. B., "The Inserted Pyramid: How a Well Meaning Attempt to Initiate Employee Empowerment Ran Afoul of the Culture of a Public Bureaucracy", Acadmy of Management Proceedings, 1995.

French E. G., "Motivation As a Variable in Work Partner Selection", *Journal of Abnormal and Social Psychology*, 1956, 55.

Freudenberger H. J., North G., *Women's Burnout*, Garden City, New York: Doubleday, 1985.

Frone Michael R., Yardley. John K., "Workplace Family – Supportive Programmes: Predictors of Employed Parents' Importance Ratings", *Journal of Occupational and Organizational Psychology*, 1996, 15 (2).

Gaines J., Jermier J. M., "Emotional Exhaustion in a High Stress Organization", *Academy of Management Journal*, 1983, 26 (4).

Galperin B. L., Burke R. J., "Uncovering the Relationship between Workaholism and Workplace Destructive and Constructive Deviance: An Exploratory Study", *Journal of Human Resource Management*, 2006, 17 (2).

Ghitulescu B. E., *Shaping Tasks and Relationships at Work Examining the*

Antecedents and Consequences of Employee Job Crafting, *The Degree of Thesis*, University Pittsburgh, 2006.

Giancarlo C., Roberto S., Marco F., et al., "Job Strain and Blood Pressure in Employed Men and Women: A Pooled Analysis of Four Northern Italian Population Samples", *Psychosom Med*, 2003, 65 (4).

Gilboa S., Shirom A., Fried Y., et al., "A Meta – Analysis of Work Demand Stressors and Job Performance: Examining Main and Moderating Effects", *Personnel Psychology*, 2008, 61 (2).

Gillespie N. A., Walsh M., Winefield A. H., et al., "Occupational Stress in Universities: Staff Perceptions of the Causes, Consequences and Moderators of Stress", *Work and Stress*, 2001, 15 (1).

Goerdeler K. J., Wegge J., Schrod N., et al., "'Yuck, That's Disgusting! —No, Not to Me!': Antecedents of Disgust in Geriatric Care and Its Relation to Emotional Exhaustion and Intention to Leave", *Motivation & Emotion*, 2014, 39 (2).

Goldsmith A., Veum J. R., Darity W., "The Impact of Psychological and Human Capital on Wages", *Economic Inquiry*, 1997, 35 (4).

Gome Z. Mejia, Balkin, *Human Resource Management*, London: Prentice Hall, 2008.

Grandey A. A., *Emotional Labor: A Concept and Its Correlates*, Paper Presented at the First Conference of Emotions in Organizational Life, 1998.

Grandey A., "Emotion Regulation in the Workplace: A New Way to Conceptualize Emotional Labor", *Journal of Occupational Health Psychology*, 2000, 5 (1).

Grant A. M. , Schwartz B. , "Too Much of a Good Thing: The Challenge and Opportunity of the Inverted U", *Perspectives on Psychological Science*, 2011, 6 (1) .

Greenhalgh L. , Rosenblatt Z. , "Insecurity: Toward Conceptual Clarity", *Academy of Management Review*, 1984, 9 (3) .

Griffeth R. W. , Horn P. W. , Gaertner S. , "A. Meta – Analysis of Antecedents and Correlates of Employee Turn Over: Update, Moderator Tests, Andresearch Implications for the Next Millennium", *Journal of Management*, 2000, 26 (3) .

Griffin M. A. , Neal A. , Parker S. K. , "A New Model of Work Role Performance: Positive Behavior in Uncertain and Interdependent Contexts", *Academy of Management Journal*, 2007, 50 (2) .

Grzywacz J. G. , Marks N. F. , "Recanceptualizing the Work – Family Interface: An Ecological Perspective on the Correlates of Positive and Negative Spillover Between Work and Family", *Journal of Occupational Health Psychology*, 2000, 5.

H. A. Murray, *Explorations in Personality*, New York: Ford University Press, 1938.

Hackman J. R. , "Toward Understanding the Role of Tasks in Behavioral Research", *Acta Psychologica*, 1969, 31.

Hackman J. R. , *Tasks and Task Performance in Research on Stress*, in J. E. Mc Crrath (Ed.), *Social and Psychological Factors in Stress*, New York: Holt, Rinehart & Winston, 1970.

Hanson G. C. , Hammer L. B. , Colton C. L. , "Development and Validation of a Multidimensional Sscale of Perceived Work - Family Positive Spillover", *Journal of Occupational Health Psychology*, 2006, 11 (3).

Hao P., He W., Long L. R., "Why and When Empowering Leadership Has Different Effects on Employee Work Performance: The Pivotal Roles of Passion for Work and Role Breadth Self - Efficacy", *Journal of Leadership and Organizational Studies*, 2018.

Harpaz I., Snir R., "Workaholism: Its Definition and Nature", *Human Relations*, 2003, 56 (3).

Harris H., Brewster C., and Sparrow P., *International Human Resource Management*, London: Chartered Institute of Personnel and Development, 2004.

Hartley J., Jacobson D. K., Van Vuuren T., *Job Insecurity: Coping with Jobs at Risk*, London: Sage Publications Ltd, 1990.

Hartline M. D., Ferrell O. C., "The Management of Customer - Contact Service Employees: An Empirical Investigation", *Journal of Marketing*, 1996, 60 (4).

Harzing A., Ruysseveldt V. J., *International Human Resource Management*, London: Sage Publications, 2004.

Heaney C. A., Israel B. A., House J. S., "Chronic JobInsecurity Among Auto Mobile Workers: Effects on Job Satisfaction and Health", *Social Science&Medicine*, 1994, 38 (10).

Helmreich R. L., Spence J. T., "The Work and Family Orientation Questionnaire: An Objective Instrument to Assess Components of Achievement Motivation and Attitudes Toward Family and Career, *Jsas Catalog of Selected Document in Psychology*, 1974, 8 (2).

Hetland J. , Hetland H. , Bakker A. B. , Demerouti E. , "Daily Transformational Leadership and Employee Job Crafting: The Role of Promotion Focus", *European Management Journal*, 2018, 36 (6) .

Hill N. S. , Bartol K. M. , "Empowering Leadership and Effective Collaboration in Geographically Dispersed Teams", *Personnel Psychology*, 2016.

Hill E. J. , Hawkins A. J. , Ferris M. , et al. , "Finding An Extra Day a Week: The Positive Influence of Perceived Job Flexibility on Work and Family Life Balance", *Family Relations*, 2001, 50 (1) .

Hobfoll S. E. , "Conservation Resources: Are Join Derto the Comentaries", *Applied Psychology*, 2001, 59 (3) .

Hobfoll, Stevan E. , "Conservation of Resources: A New Attempt at Conceptualizing Stress", *American Psychologist*, 1989, 44 (3) .

Hochschild A. R. , "Emotion Work, Feeling Rules, And Social Structure", *American Journal of Sociology*, 1979, 85 (3) .

Holohan C. K. , Gilbert L. A. , "Conflict between Major Life Roles: Women and Men in Dual Career Couples", *Human Relations*, 1979, 326.

Hon A. H. Y. , Chan W. W. H. , Lu L. , "Overcoming Work – related Stress and Promoting Employee Creativity in Hotel Industry: The Role of Task Feedback from Supervisor", *International Journal of Hospitality Management*, 2013, 33.

Hu S. , Wang J. N. , Liu L. , et al. , "The Association Between Work – Related Characteristic and Job Burnout among Chinese Correctional Officers: A Cross – Sectional Survey", *Public Health*, 2015, 129 (9) .

Huang G. H. , Well Man N. , Ashford S. J. , et al. , "Deviance and Exit:

The Organizational Costs of Job Insecurity and Moral Disengagement", *Journal of Applied Psychology*, 2017, 102 (1).

Humborstad S. I. W, Giessner S. R., "The Thin Line between Empowering and Laissez - Faire Leadership: An Expectancy - Match Perspective", *Journal of Management*, 2018, 44 (2).

Humborstad S. I. W., Kuvaas B., "Mutuality in Leader - Subordinate Empowerment Expectation: Its Impact on Role Ambiguity and Intrinsic Motivation", *The Leadership Quarterly*, 2013, 24 (2).

V. Y. H., Saba T., "Challenges to Professional Identities and Emotional Exhaustion", *Career Development International*, 2012, 17 (2).

Iruing P., G., Coleman D. F., "The Moderating Effect of Different Forms of Commitment on Role Ambiguity Job Tension Reations", *Canadian Journal of Administrative Science*, 2003, 20 (2).

Ito J. K., Brotheridge C. M., "Does Supporting Employees' Career Adaptability Lead to Commitment, Turnover, or Both?", *Human Resource Management*, 2005, 44.

Jahoda M., *Employment and Unemployment: A Social - Psycho Logical Analysis*, Cambridge: Cambridge University Press, 1982.

James M., Diefendorff, Meredith H. Croyle, Robin H. Gosserand, "The Dimensionality and Antecedents of Emotional Labor Strategies", *Journal of Vocational Behavior*, 2005, 66.

James M., Defendorff, Roibin H. Gosserand, "Understanding the Emotional Labor Process: A Control Theory Perspective", *Journal of Organizational Behavior*, 2003, 24 (8).

Jh Greenhaus, Nj Beuteil, "Sources of and Conflict Family between Work and Family Roles", *The Academy of Management Review*, 1985, 10 (1).

Jiang X., Flores H. R., Leelawong R., et al., "The Effect of Team Empowerment on Team Performance: A Cross – Cultural Perspective on the Mediating Roles of Knowledge Sharing and Intra – group Conflict", *International Journal of Conflict Management*, 2016, 27 (1).

John M., Ivancevich, *Human Resource Management*, McGraw Hicc Higer Education, 2016.

Kahn R. L., Wolfe D. M., Quinn R., et al., *Organizational Stress, Studies in Role Conflict And Ambiguity*, New York: Wiley, 1964.

Kahn W. A., "Psychological Conditions of Personal Engagement and Disengagement at Work", *Academy of Management Journal*, 1990, 33 (4).

Kanai A., Wakabayashi M., "Effects of Economic Environmental Changes Onjob Demands and Workaholism in Japan", *Journal of Organizational Change Management*, 2004, 17.

Kanai A., Wakabayashi M., "Workaholism among Japanese Blue – Collar Employees", *International Journal of Stress Management*, 2001, 8.

Karasek R. A., "Job Demands, Job Decision Latitude, and Mental Strain: Implication for Job Redesign", *Administrative Science Quarterly*, 1979, 1 (10).

Karen Pugliesi, "The Consequences of Emotional Labor: Effects on Work Stress, Job Satisfaction, and Well – Being Karen Pugliesi", *Motivation and Emotion*, 1999 (2).

Khan J., Rehnberg C., "Perceived Job Security and Sickness Absence: A Study on Moral Hazard", *European Journal of Health Economics*, 2009, 10 (4).

Kim M., Beehr T. A., "Self – Efficacy and Psychological Ownership Mediate the Effects of Empowering Leadership on Both Good and Bad Employee Behaviors", *Journal of Leadership & Organizational Studies*, 2017, 24 (4).

Kim M., Beehr T. A., Prewett M. S., "Employee Responses to Empowering Leadership: A Meta – analysis", *Journal of Leadership & Organizational Studies*, 2018, 25 (3).

Kira M., Balkin D. B., San E., "Authentic work and Organizational Change: Longitudinal Evidence from a Merger", *Journal of Change Management*, 2012, 12 (1).

Kira M., Eijnatten F. M. V., Balkin D. B., "Crafting Sustainable Work: Development of Personal Resources", *Journal of Organizational Change Management*, 2010, 23 (5).

Kirkman B. L., Rosen B., "Beyond Self – Management: Antecedents and Consequences of Team Empowerment", *The Academy of Management Journal*, 1999, 42 (1).

Konczak L. J., Stelly D. J., Trusty M. L., "Defining and Measuring Empowering Leader Behaviors: Development of an upward Feedback Instrument", *Educational and Psychological Measurement*, 2000, 60 (2).

Kouvonen A., Toppinen – Tanner S., Kivisto M., et al., "Job Characteristics and Burnout among Aging Professionals in Information and Communications Technology", *Psychological Reports*, 2005, 97 (2).

Kraimer M. L., Wayne S. J., Liden R. C., et al., "The Role of Job Security in Understanding the Relationship between Employees 'Perceptions of Temporary Workers and Employees' Performance", *Journal of Applied Psychology*, 2005, 90 (2).

Kruml S. M., Geddes D., "Exploring The Dimensions of Emotional Labor", *Management Communication Quarterly*, 2000, 14 (1).

Kubota K., Shimazu A., Kawakami N., et al., "Association between Workaholism and Sleeping Problems among Hospital Nurses", *Industrial Health*, 2010, 48 (6).

Kurtessis J. N., Eisenberger R., Ford M. T., et al., "Perceived Organizational Support: A Meta – Analytic Evaluationof Organizational Support Theory", *Journal of Management*, 2015, 43 (6).

Kyriacou C., "Teacher Stress: Directions for Future Research", *Education Review*, 2001, 53.

Kyriacou C., Ssutcliffe, "A Model of Teacher Stress", *Educational Studies*, 1978a, 4.

Larson M., Luthans F., "Potential Added Value of Psychological Capital in Predicting Work Attitudes", *Journal of Leadership and Organizational Studies, Behavior*, 2006, 13 (2).

Laurence G. A., *Workaholism and Expansion and Contraction Oriented Job Crafting: the Moderating Effects of Individual and Contextual Factors*, Syracuse University, 2010.

Lazarus R., Folkman S., *Stress, Appraisal, And Coping*, New York:

Springer, 1984.

Leach D. J., Wall T. D., Jackson P. R., "The Effect of Empowerment on Job Knowledge: An Empirical Test Involving Operators of Complex Technology", *Journal of Occupational and Organizational Psychology*, 2003, 76 (1).

Leana C., Appelbaum E., Shevchuk I., "Work Process and Quality of Care 76 in Early Childhood Education: The Role of Job Crafting", *Academy of Management Journal*, 2009, 52 (6).

Lee M., Koh J., "IsEmpowerment Really a New Concept?", *International Journal of Human Resource Management*, 2001, 12 (4).

Lee S., Cheong M., Kim M., et al., "Never too Much? the Curvilinear Relationship Between Empowering Leadership and Task Performance", *Group and Organization Management*, 2017, 42 (1).

Leiter M. P., "Coping Patterns are Predictors of Burnout: The Function of Control and Escapist Coping Patterns", *Journal of Organizational Behaviour*, 1991, 12.

Li N., Chiaburu D. S., Kirkman B. L., "Cross – Level Influences of Empowering Leadership on Citizenship Behavior: Organizational Support Climate as a Double – Edged Sword", *Journal of Management*, 2017.

Liat Eldor, Itzhak Harpaz, "A Process Model of Employee Engagement: The Learning Climate and Its Relationship with Extra – Role Performance Behaviors", 2016, 37 (2).

Lichtenthaler P. W., Fischbach A., "Job Crafting and Motivation Tocontinue Working beyond Retirement Age", *Career Development International*,

2016，21（5）.

Linda E. D. , Christopher A. H. , "Gender Difference in Work – Family Conflict", *Journal of Applied Psychology*, 1991, 76（1）.

Ling Y. , Wei L. , Klimoski R. J. , et al. , "Benefiting from CEO's Empowerment of TMTs: Does CEO – TMT Dssimilarity Matter?", *The Leadership Quarterly*, 2015, 26（6）.

Liu Y. M. , Perrewe P. L. , Hochwarter W. A. , et al. , "Dispositional Antecedents and Consequences of Emotional Labor at Work", *Journal of Leadership & Organizational Studies*, 2004, 10（4）.

Locke E. A. , Schweiger D. M. , "Participation in Decision – Making: One More Look", *Research in Organizational Behavior*, 1979, 1（10）.

Lorinkova N. M. , Pearsall M. J. , Sims H. P. , "Examining the Differential Longitudinal Performance of Directive Versus Empowering Leadership in Teams", *Academy of Management Journal*, 2013, 56（2）.

Luthans F. , Youssef C. M. , "Human, Social, and now Positive Psychological Capital Management: Investing in People for Compitive Advantage", *Organizational Dynamics*, 2004（33）.

Luthans K. W. , Jensen S. M. , "The Linkage between Psychological Capital and Commitment to Organizational Mission", *Journal of Nursing Administration*, 2005, 35（6）.

Luthans F. B. , Avolio B. J. , Walumbwa F. O. , et al. , "The Psychological Capital of Chinese Workers: Exploring the Relationship with Performance", *Management and Organization Review*, 2005, 1（2）.

Luthans F. , Youssef C. M. , Avolio B. J. , *Psychological Capital Developing the Human Competitve Edge*, Oxford, Uk: Oxford University Press, 2007.

Luthans F., Avolio B. J., Avey J. B., et al., "Positive Psychological Capital: Measurement and Relationship with Performance and Satisfaction", *Personnel Psychology*, 2007, 60.

Lyons P., "The Crafting of Jobs and Individual Differences", *Journal of Business and Psychology*, 2008, 23 (1).

Magni M., Maruping L. M., "Sink or Swim: Empowering Leadership and Overload in Teams' Ability to Deal with the Unexpected", *Human Resource Management*, 2013, 52 (5).

Mäkikangas A., Bakker A. B., Schaufeli W. B., "Antecedents of Daily Team Job Crafting", *European Journal of Work and Organizational Psychology*, 2017, 26 (3).

Manz C. C., Sims H. P., *Super – leadership*, Berkley Publishing Group, 1990.

Martin S. L., Liao H., Campbell E. M., "Directive Versus Empowering Leadership: A Field Experiment Comparing Impacts on Task Proficiency and Proactivity", *Academy of Management Journal*, 2013, 56 (5).

Maslach C., Goldberg J., "Prevention of Burnout: New Perspectives", *Applied&Prevention Psychology*, 1998, 7.

Maslach C., Leiter, M. P., *The Truth about Burnout*, 3rd Ed., San Francisco, Ca: Jossey – Bass, 1997.

Maslach C., Jackson S. E., "The Measurement of Experienced Burnout", *Journal of Organizational Behavior*, 1981, 2 (2).

Maslach C., Schaufeli W. B., Leiter M. P., "Job Burnout", *Annual Re-*

view of Psychology, 2001, 52 (1).

Masten A. S., Reed M. G., *Handbook of Positive Psychology*, 2002.

Mattarelli E., Tagliaventi M. R., "How Offshore Professionals' Job Dissatisfaction Can Promote Further Offshoring: Organizational Outcomes of Job Crafting", *Journal of Management Studies*, 2015, 52 (5).

Mayer J., Salovey P., *What Is Emotional Intelligence? Emotional Development and Emotional Intelligence: Implications for Education*, New York: Basic Books, 1998.

Mcmillan L. H. W., Brady E. C., O'Driscoll M. P., et al., "A Multifaceted Validation Study of Spence and Robbins' (1992) Workaholism Battery", *Journal of Occupational and Organization Psychology*, 2002, 75 (3).

Mcmillan L. H. W., O'Driscoll M. P., Brady E. C., "The Umpact of Workaholism On Personal Relationship", *British Journal of Guidance and Counseling*, 2004, 32.

Mcmillan L. H. W, O'Driscoll M. P., Marsh N. V., et al., "Understanding Workaholism: Data Synthesis, Theoretical Critique, and Future Design Strategies", *International Journal of Stress Management*, 2001, 8 (2).

Mendenhall, Dunbar, Oddou, "Expatriate Selection, Training and Career – Pathing: A Review and Critique", *Human Resource Management*, 1987.

Merran Toerien and Celia Kitzinger, "Emotional Labour in Action: Navigating Multiple Involvements in the Beauty Salon", *Sociology*,

2003 (1).

Moore J. E., "One Road to Turnover: An Examination of Work Exhaustion in Technology Professionals", *Mis Quarterly*, 2000, 24 (1).

Morris J. A., Feldman D. C., "The Dimensions, Antecedents, and Consequences of Emotional Labor", *Academy of Management Review*, 1996, 21 (4).

Morris J. A., Feldman D. C., "Managing Emotions in the Work Place", *Journal of Managerial Issues*, 1997, 9 (3).

Morrison E. W., Phelps C. C., "Taking Charge at Work: Extrarole Efforts to Initiate Workplace Change", *Academy of Management Journal*, 1999, 42 (4).

Mudrack P. E., Naughton T. J., "The Assessment of Workaholism as Nehavioral Tendencies: Scale Development and Preliminary Empirical Testing", *International Journal of Stress Management*, 2001, 8 (2).

Mudrack P. E., "JobInvolvement, Obsessive Compulsive Personality Traits, and Workaholic Behavioral Tendencies", *Journal of Organizational Change Management*, 2004, 17.

Nielsen K., Abildgaard J., "The Development and Validation of a Job Crafting Measure for Use with Blue-Collar Workers", *Work and Stress*, 2012, 6 (4).

Oates W., *Confessions of aWorkaholic: The Facts about Work Addiction*, New York: World Publishing Co., 1971.

Scott K. S., Moore K. S., Miceli M. P., "An Exploration of the Meaning and Consequences of Workaholism", *Human Relations*, 1997, 50.

Offermann L. R. , Hellmann P. S. , “Culture’s Consequences for Leadership Behavior: National Values in Action”, *Journal of Cross – cultural Psychology*, 1997, 8 (3) .

Oldham G. R. , “Relations between Situational Factors and the Comparative Referents Used by Employees”, *Academy of Management Journal*, 1986, 29 (3) .

Olson D. H. , Russell C. S. and Sprenkle D. H. , “Circumflex Model of Marital and Family Systems”, *Family Studies Review Yearbook*, 1984, (2) .

Paek S. , Schuckert M. , Kim T. T. , et al. , “Why Is Hospitality Employees’ Psychological Capital Important the Effects of Psychological Capital on Work Engagement and Employee Morale”, *International Journal of Hospitality Management*, 2015, 50.

Pearce C. L. , Sims H. P. , “Vertical Versus Shared Leadership as Predictors of the Effectiveness of Change Management Teams: An Examination of Aversive, Directive, Transactional, Transformational, and Empowering Leader Behaviors”, *Group Dynamics: Theory, Research, and Practice*, 2002, 6 (2) .

Pearce J. L. , “Job Insecurity Is Important, But Not for the Reasons You Might Think: The Example of Contingent Workers”, in Cooper C. L. , Rousseau C. L. Eds. , *Trends Inorganizational Behavior*, Vol. 5, New York, Ny: Wiley, 1998.

Petrou P. , Bakker A. B. , “Crafting one’s Leisure Time in Response to High Job Strain”, *Human Relations*, 2016, 69 (2) .

Petrou P. , Demerouti E. , Schaufeli, W. B. , “Crafting the Change: The

Role of Employee Job Crafting Behaviors for Successful Organizational Change", *Journal of Management*, 2018, 44 (5).

Petrou P., Demerouti E., Peeters M. C., et al., "Crafting a Job on a Daily Basis: Contextual Correlates and the Link to Work Engagement", *Journal of Organizational Behavior*, 2012, 33 (8).

Piccolo R. F., Colquitt J. A., "Transformational Leadership and Job Behaviors: The Mediating Role of Core Job Characteristics", *Academy of Management Journal*, 2006, 49 (2).

Pines A., Aronson E., Kafry D., *Burnout: From Tedium to Personal Growth*, New York: The Free Press, 1981.

Pines A., Aronson E., *Career Burnout: Causes and Cures*, New York: Free Press, 1988.

Porter G., "Workaholic Tendencies and the High Potential for Stress among Coworkers", *International Journal of Stress Management*, 2001, 8.

Prem R., Ohly S., Kubicek B., et al., "Thriving on Challenge Stressors? Exploring Time Pressure and Learning Demands as Antecedents of Thriving at Work", *Journal of Organizational Behavior*, 2017, 38 (1).

Probst T. M., Stewart S. M., Gruys M. L., et al., "Productivity, Counter Productivity and Creativity: The Ups and Downs of Job Insecurity", *Journal of Occupational and Organizational Psychology*, 2011, 80 (3).

Raub S., Robert C., "Empowerment, Organizational Commitment, and Voice Behavior in the Hospitality Industry: Evidence from a Multinational Sample", *Cornell Hospitality Quarterly*, 2013, 54 (2).

Raub S., Robert C., "Differential Effects of Empowering Leadership on in -

Role and Extra – role Employee Behaviors: Exploring the Role of Psychological Empowerment and Power Values", *Human Relations*, 2010, 63 (11).

Reis D., Hoppe A., Arndt, C., et al., "Time Pressure with State Vigour and State Absorption: Are They Non – Linearly Related?" *European Journal of Work and Organizational Psychology*, 2017, 26 (1).

Richard G. J., Krieshok T. S., "Occupational Stress, Strain, and Coping in University Faculty", *Journal of Vocational Behavior*, 1989, 34.

Robinson B. E., Carroll J. J., Flowers C., "Marital Estrangement, Positive Affect and Locus of Control Among Spouses of Workaholics and Spouses of Nonworkaholics: A National Study", *American Journal of Family Therapy*, 2001, 29.

Robinson B. E., Flowers C., Carroll J. J., "Work Stress and Marriage: A Theoretical Model Examining the Relationship Between Workaholism and Marital Cohesion", *International Journal of Stress Management*, 2001, 8.

Robinson B. E., Flowers C., Kok – Mun Ng, "The Relationship between Workaholism and Marital Disaffection: Husbands' Perspective", *The Family Journal*, 2006, 14.

Robinson B. E., Kelley L., "Adult Children of Workaholics: Self – Concept, Anxiety, Depression, And Locus of Control", *American Journal of Family Therapy*, 1998, 26.

Robinson B. E., *Chained to The Desk: A Guidebook for Workaholics, Their partners and Children and the Clinicians Who Wreat Them*, New York: New

York University Press, 2007.

Robinson B. E. A. , "Typology of Work Aholics with Implications for Counselor", *Journal of Addictions and Offender Counseling*, 2000, 21.

Rolly, May, *The Meaning of Anxiety*, New York: Ronald Press, 1977.

Rosenblatt Z. , Ruvio A. , "A Test of a Multidimensional Model of Job Insecurity: The Case of Israeli Teachers", *Journal of Organizational Behavior*, 1996, 17.

Roskies. E. , Lazarus R. S. , "Coping Theory and the Teaching of Coping Skills", in P. O. Davidson, F. M. Davidson, Eds. , *Behavioral Medicine: Changing Health and Life Style*, New York: Brunner/Marzel, 1980.

Rudolph C. W. , Katz I. M. , Lavigne Kn. et al. , "Job Crafting: A Meta – Analysis of Relationship with Individual Difference Job Characteristics and Work Outcomes", *Journal of Vocational Behavior*, 2017, 102.

Russo J. A. , Waters L. E. , "Workaholic Worker Type Differences in Work – Family Conflict: The Moderating Role of Supervisor Support and Flexible Work Scheduling", *Career Development International*, 2006, 11 (5) .

Salanova M. , Schaufeli W. B. , Xanthopoulou D. , et al. , "The Gain Spiral of Resources and Work Engagement: Sustaining a Positive Work Life", *Work Engagement: A Handbook of Essential Theory and Research*, 2010, 24 (5) .

Salovey P. , D. M. J. , "Emotional Intelligence", *Imagination*, *Cognition And – Personality*, 1990 (9) .

Salzstein A. L. , Yuan Ting, & Salzstein G. H. , "Work – Family Balance and Job Satisfaction: The Impact of Family – Friendly Policies on Attitudes of Federal Government Employees", *Public Administration Review*, 2001, 61.

Saroj Parasuraman, Claire Simmers, "Type of Employment, Work – Family Conflict and Well – Being: A Comparative Study", *Journal of Organizational Behavior*, 2001, 22.

Sauter S. L., "Occupational Health Psychology: An Emerging Discipline", *Ind Health*, 1999, 37 (2).

Schaubroeck J., Jones J. R., "Antecedents of Workplace Emotional Labor Dimensions and Moderators of Their Effects on Physical Symptoms", *Journal of Organizational Behavior*, 2000, 21.

Schaufeli W. B., Taris T. W., Rhenen W. V., "Workaholism, Burnout, And Work Engagement: Three of Kind or Three Different Kinds of Employee Well – Being?" *Applied Psychology*, 2008, 57 (2).

Schaufeli W. B., Salanova M., González – Romá V., et al., "The Measurement of Engagement and Burnout: A Two Sample Confirmatory Factor Analytic Approach", *Journal of Happiness Studies*, 2002, 3 (1).

Scheier M. F., Carver C. S., "Dispositional Optimism and Physical Well – being: The Influence of Generalized Outcome Expectancies on Health", *Journal of Personality*, 1987, 55 (2).

Scheier M. F., Carver C. S., "Optimism, Coping, and Health: Assessment and Implications of Generalized Outcome Expectancies", *Health Psychology: Official Journal of the Division of Health Psychology, American Psychological Association*, 1985, 4 (3).

Schnall P. A., "Social Epidemiologic Approach to the Workplace and Cardiovascular Disease”, *Job Stress Network*, 2004.

Schuler Randall S., Jackson Susan E., “Linking Competitive Strategies with Human Resource Management Practices”, *The Academy of Management Executive*, 1987, 1 (3).

Schuler B. A., Binnewies C., P. C. B. Ürkner. The Relationship between Job Crafting, Work Engagement, and Perfomance: A Meta – Analysis, 2019, http://PsyAyXiV. com. 2019/10/27.

Schuler R. S., Dowling P. J., Cieri. H. D., “An Integrative Framework of Strategic International Human Resourse Management”, *Journal of Management*, 1993 (19).

Scott, Richard W., “Organizations Rational, Natural, and Open Systems”, *American Journal of Sociology*, 1987, 29 (1).

Seligman M., *Learned Optimism: How to Change Your Mind and Your Life*, New York: Pocket Books, 1998.

Sharma P. N., Kirkman B. L., “Leveraging Leaders: A Literature Review and Future Lines of Inquiry for Empowering Leadership Research”, *Group & Organization Management*, 2015, 40 (2).

Sharp T. P., “Job Satisfaction Among Psychiatric Registered Nurses in New England”, *Psyehlatr Merit Health Nuts*, 2008, 15 (5).

ShiromA. *Burnout in Work Organizations, in C. L. Cooper L. RobertsonEds.*, *International Review of Industrial – Organizational Psychology*, New York: Wiley, 1989.

Slemp G., Vella – brodrick D., “The Job Crafting Questionnaire: A New Scale to Measure the Extent to Which Employees Engage in Job Crafting”,

International Journal of Wellbeing, 2013, 3 (2).

Snir R., Harpaz I., "The Workaholism Phenomenon: A Cross – National Perspective", *Career Development International*, 2006, 11 (5).

Snyder C. R. Hoza B., PelhamW. E., et al., "The Development and Validation of the Children is Hope Scale", *Journal of Pediatric Psychology*, 1997, 22, (3).

Snyder C. R., Lopez S. J., *Handbook of Positive*, 2002.

Sonnentag S., "Recovery, Work Engagement, and Behavior: A New Look at the Interface between Non – Work And Work", *Jounral of Applied Psychology*, 2003, 88 (3).

Speier C., Frese M., "Generalized Self Efficacy as a Mediator and Moderator between Control and Complexity at Work and Personal Initiative: A Longitudinal Field Study in East Germany", *Human Performance*, 1997, 10 (2).

Spence J. T., Robbins A. S., "Workaholism: Definition, Measurement, and Preliminary Results", *Journal of Personality Assessment*, 1992, 58.

Spielberger, *Anxiety: State – Trait – Process*, New York: Hemisphere, 1975.

Spreitzer G. M., Mishra A. K., "Giving up Control without Losing Control: Trust and Its Substitutes' Effects on Managers' Involving Employees in Decision Making", *Group & Organization Management*, 1999, 24 (2).

Spreitzer G. M., "Psychological Empowerment in the Workplace: Dimensions, Measurements, and Validation", *Academy of Management Journal*, 1995, 38 (5).

Srivastava A., Bartol K. M., Locke E. A., "Empowering Leadership in

Management Teams: Effects on Knowledge Sharing, Efficacy, and Performance", *Academy of Management Journal*, 2006, 49 (6).

Stam Felds, Candy B., "Psychosocial Work Environment and Mental Health - A Meta - Analytic Review", *Scand J Work Environ Health*, 2006, 32 (6).

Stanislav V., Kasl, "Stress and Health", *Ann Rev Public Health*, 1984 (5).

Staufenbiel T., Thomas Kroll M., Konig C. J., "Could Job Insecurity (Also) Be Motivator?", *Beyond the Horizon of Measurement*, 2006, 44 (3).

Strauss A., Farahaugh S., Suczek B., et al., "Sentimental Work: A Contribution to Industrial and Occupational Sociology", *Work Psychology and Organizational Behavior*, 1980, 32.

Sue Campbell Clark, "Work/FamilyBorder Theory: A New Theory of Work/Family Balance", *Human Relations*, 2000, 53 (6).

Sutton G. W., Huberty T. J., "An Evaluation of Teacher Stress and Job Satisfaction", *Education*, 1984, 105.

Taris T. W., Schaufeli W. B., Verhoeven L. C., "Workaholism in the Netherlands: Measurement and Implications For Job Strain and Work Non - Work Conflict", *Applied Psychology An International Review*, 2005, 54 (1).

Thomas K. W., Velthouse B. A., "Cognitive Elements of Empowerment: An 'Interpretive' Model of Intrinsic Task Motivation", *Academy of Management Review*, 1990, 15 (4).

Thomas L. T., Ganster D. C., "Impact of Family - Supportive Work Variables On Work - Family Conflict and Strain: A Control Perspective", *Jour-*

nal of Applied Psychology, 1995, 80（1）.

Thorndmce E. L. , *Intelligence and Its Uses*, Harpers Magazine, 1920 (140).

Thun S. , Bakker A. B. , "Empowering Leadership and Job Crafting: The Role of Employee Optimism", *Stress and Health*, 2018, 34（4）.

Timms M. , Bakker A. B. , "Job Crafting: to wards a New Model of Individual Job Redesign（J）", *Sa Journal of Industrial Psychology*, 2010, 36（2）.

Timothyt A. , "Judge, Erin Fluegge Woolf, And Charlice Hurst. Is Emotional Labor More Diffcult for Some Than for Others?", *Personnel Psychology*, 2009（2）.

Tims M. , Derks D. , Bakker A. B. , "Job Cafting and Its Relationships with Person – Job Fit and Meaningfulness A Three – Wave Study", *Jounal of Vocational of Behavior*, 2016, 92.

Tims M. , Bakker A. B. , "Job Crafting: to wards a New Model of Individual Job Redesign", *Sa Journal of Industrial Psychology*, 2010, 36（2）.

Tims M. , Bakker A. B. , Derks D. , *De Job Demands – Resources Benadering Van Job Crafting*, 2013.

Tims M. , Bakker A. B. , Derks D. , "Development and Balidation of the Job Crafting Scale", *Journal of Vocational Behavior*, 2012, 80（1）.

Tims M. , Bakker A. B. , Derks D. , et al. , "Job Crafting at the Team and Individual Level", *Group Organizalion Management*, 2013, 38.

Van Wingerden J. , Bakker A. B. , Derks D. , "The Longitudinal Impact of a Job Crafting Intervention", *European Journal of Work and Organizational*

Psychology, 2016 (1).

Vanbelle E., *Job crafting: An Overarching Approach*, 2017.

Vanden Heuvel M., Demerouti E., Peeters M. C. W., "The Job Crafting Intervention: Effects on Job Resources, Self - Efficacy, and Affective Well - Being", *Journal of Occupational and Organizational Psychology*, 2015, 88 (3).

Vecchio R. P., Justin J. E., Pearce C. L., "Empowering leadership: An Examination of Mediating Mechanisms within a Hierarchical Structure", *The Leadership Quarterly*, 2010, 21 (3).

Viotti S., Converso D., Loera B., "Job Satisfaction, Job Burnout and Their Relationships with Work' and Patients' Characteristics: A Comparison Between Intensive Care Units (Icu) and Not - Intensive Care Units (Not - Icu)", *Giornale Italiano Di Medicina Del Lavoro Ed Ergonomia*, 2012, 34.

Vodanovich S. J., Piotrowski C., Wallace C., "The Relationship between Workaholism and Health: A Report of Negative Findings", *Organization Development Journal*, 2007, 25 (1).

Vogt, Hakanen Brauchli, et al., "The Consequnences of Job Crafting a Three - Wave Study", *European Journal of Work and Organizational Psychology*, 2017, 25 (3).

Vough H. C., Parker S. K., *Work Design Research: Still Going Strong*, 2008.

Vroom V. H., Yetton P. W., *Leadership and decision - making*, University of Pittsburgh Pre, 1973.

Wagner L. I., Jason L. A., Ferrari J. R., "Chronic Fatigue Syndrome,

Chronic Fatigue, and Psychiatric Disorders: Predictors of Functional Status in a National Nursing Sample", *Journal of Occupational Health Psychology*, 1999, 4 (1).

Wang J., Wang B., Zhang F., "The Effects of Emotional Display Rules on Emotion Exhaustion: The Mediating Role of Emotional Labor and the Moderating Role of Commitment", *Psychology Techniques and Applications*, 2016.

Wang H. J., Demerouti E., Le Blanc, P., "Transformational Leadership, Adaptability, and Job Crafting: The Moderating Role of Organizational Identification", *Journal of Vocational Behavior*, 2017, 100.

Ward Edward A., "Multi Dimensionality of Achievement Motivation Among Employed Adults", *The Journal of Social Psychology*, 1997, 137 (4).

Wayne F., CasCio, *Applied Psychology in Human Resource Management*, 2017.

Kaifeng Jiang, David P. Lepak Kyongjihan, et al., "Clarifying the Construct of Human Resource Systems: Relating Human Resource Management to Employee Performance", *Human Resource Management Review*, 1996 (2).

Wiley D. L., "The Relationship between Work – Nonwork Role Conflict and Job – Related Outcomes: Some Unanticipated Findings", *Journal of Management: Official Journal of the Southern Management Association*, 1987, 13 (3).

Wrzesniewski A., Dutton J. E., "Crafting a Job: Revisioning Employees as Active Crafters of Their Work", *Academy of Management Review*, 2001, 26 (2).

Xanthopoulou D., Bakker A. B., Demerouti E., et al., "Reciprocal Relationships between Job Resources, Personal Resources, and Work Engagement", *Journal of Vocational Behavior*, 2009, 74 (3).

Xue Y., Bradley J., Liang H., "Team Climate, Empowering Leadership, and Knowledge Sharing", *Journal of Knowledge Management*, 2011, 15 (2).

Yu S. F., Zhou W. H., Jiang K. Y., et al., "Job Sterss, Gene Polymor - Phism of Beta - 2 - Ar, and Pervalence of Hypertension", *Biomed Envl - Rollsci*, 2008, 21 (3).

Zapf D., "Emotion Work and Psychological Well - Being: A Review of the Literature and Some Conceptual Considerations", *Human Resources Management Review*, 2002, 12.

Zhang X., Bartol K. M., "Linking Empowering Leadership and Employee Creativity: The Influence of Psychological Empowerment, Intrinsic Motivation, and Creative Process Engagement", *Academy of Management Journal*, 2010, 53 (1).

附录：调查问卷

一　基本信息

1. 您的性别

☐ 男　☐ 女

2. 您的年龄

☐ 20—30 岁　☐ 31—40 岁　☐ 41—50 岁　☐ 50 岁以上

3. 您的学历

☐ 高中　☐ 本科　☐ 硕士　☐ 博士　☐ 其他

4. 您的工作年限

☐ 1—5 年　☐ 6—10 年　☐ 11—15 年　☐ 20 年以上

二　心理资本

请根据您亲身的经历，选择最符合您感受的选项，所选答案没有正确与否之分。

序号	题目	完全不符合	不太符合	说不清楚	比较符合	完全符合
1	我确信自己能够从长期角度来思考问题并寻找出一个解决办法。	1	2	3	4	5
2	和管理人员开会时，我对自己职责范围内的事项非常有信心。	1	2	3	4	5
3	我认为我对公司发展策略的探讨有意义。	1	2	3	4	5
4	在工作范畴之内，我认为自己可以协助制定一个目标。	1	2	3	4	5
5	我认为我可以和公司以外的人（例如，供货商、顾客）进行沟通，并且就问题进行讨论。	1	2	3	4	5
6	我确信我可以把这些资料完美复述给一组同事。	1	2	3	4	5
7	当我在工作中感受到心态迷茫时，我可以找到许多方法让自己脱离。	1	2	3	4	5
8	现在，我正以最好的状态来达到我的工作目的。	1	2	3	4	5
9	有许多办法可以解答所有的问题。	1	2	3	4	5
10	现在，我觉得我在工作方面做得很好。	1	2	3	4	5
11	我可以想到许多方法来达到我现在的工作目的。	1	2	3	4	5
12	现在，我已经完成了我给自己制定的工作任务。	1	2	3	4	5

续表

序号	题　目	完全不符合	不太符合	说不清楚	比较符合	完全符合
13	在工作上碰到了困难,我会迅速地调整,然后再往前走。	1	2	3	4	5
14	不管怎么说,工作上碰到的困难我都会处理。	1	2	3	4	5
15	在工作中,我可以说,我可以自己解决问题。	1	2	3	4	5
16	我对工作中的压力因素一般都很平静。	1	2	3	4	5
17	由于我之前已经受了许多苦难,因此我在工作中遇到的麻烦可以坚持过去。	1	2	3	4	5
18	在当前的工作中,我觉得可以一次完成许多任务。	1	2	3	4	5
19	在工作中,遇到了一些肯定的问题时,我总是期待得到最好的结果。	1	2	3	4	5
20	把工作中出现的不良事件看作临时的并且有方法来处理。	1	2	3	4	5
21	我在工作中总能看出事物的积极方面。	1	2	3	4	5
22	我很看好自己的工作前景。	1	2	3	4	5
23	在我当前的工作中,一切都如我所愿。	1	2	3	4	5
24	工作的时候,我总是认为“在阴暗的后面有光,不要灰心丧气”。	1	2	3	4	5

三　授权式领导力

请你从自己的工作经历中选出一个最适合你自己的选项。所选择的选项不存在对与错。

序号	题　目	完全不符合	不太符合	说不清	比较符合	完全符合
1	我的领导们让我了解到我的工作责任。	1	2	3	4	5
2	领导者能让我了解到个人和团体的目的之间的联系。	1	2	3	4	5
3	领导能让我了解到我的工作对于整体的表现有多重要。	1	2	3	4	5
4	当做出一些与我有关的决定时,我的上级会询问我。	1	2	3	4	5
5	当做出策略决定时,领导者通常会征求我的意见。	1	2	3	4	5
6	我的领导人让我参与了许多决定。	1	2	3	4	5
7	我的领导认为我的才能仍有提升的空间。	1	2	3	4	5
8	尽管我有失误,但我的领导者还是认为我可以提升自己的才能。	1	2	3	4	5
9	领导人认为我能胜任复杂而困难的任务。	1	2	3	4	5
10	我的领导者让我能快速做出符合顾客需要的重大决策。	1	2	3	4	5

续表

序号	题　目	完全不符合	不太符合	说不清	比较符合	完全符合
11	领导削弱了一些条条框框，让我有很强的自主能力。	1	2	3	4	5
12	我的上级同意我按自己的方法来完成工作。	1	2	3	4	5

四　工作重塑

请你从自己的工作经历中选出一个最适合你自己的选项。所选择的选项不存在对与错。

序号	题　目	完全不符合	不太符合	说不清楚	比较符合	完全符合
1	我试图用新的方式把工作做好。	1	2	3	4	5
2	我会根据自己的意愿，修改自己的任务方式和次数。	1	2	3	4	5
3	我会积极参加符合自己兴趣和才能的新计划。	1	2	3	4	5
4	即使没有任何的报酬，我也会去做其他的工作。	1	2	3	4	5
5	在工作中，我会根据自己的兴趣和才能来安排工作。	1	2	3	4	5

续表

序号	题　目	完全不符合	不太符合	说不清楚	比较符合	完全符合
6	我想知道,我的工作对我的人生来说,有没有什么价值。	1	2	3	4	5
7	我想我的工作可以帮助公司达到目的。	1	2	3	4	5
8	我的工作对整个社会的发展产生了正面的作用。	1	2	3	4	5
9	工作对于我的人生满足感有着正面的作用。	1	2	3	4	5
10	我的工作对我的个人生活产生了正面的作用。	1	2	3	4	5
11	我将积极地与更多的人结识。	1	2	3	4	5
12	我将会在与工作相关的社交活动中活跃起来。	1	2	3	4	5
13	我会尽力参加与工作相关的社会团体。	1	2	3	4	5
14	我将协助新的伙伴。	1	2	3	4	5
15	我愿意和有同样兴趣和才能的人交往。	1	2	3	4	5

五　工作安全感

请你从自己的工作经历中选出一个最适合你自己的选项。所选择的选项不存在对与错。

序号	题　目	完全不符合	不太符合	说不清楚	比较符合	完全符合
1	如果我想的话,我可以继续做我的工作。	1	2	3	4	5
2	我不会失去工作,除非我辞去工作。	1	2	3	4	5
3	我的工作稳定。	1	2	3	4	5
4	我不会被开除。	1	2	3	4	5
5	如果我在现有的工作岗位上工作,我的实力肯定会得到提升。	1	2	3	4	5
6	今后我在这个部门的工资将会提高。	1	2	3	4	5
7	本人今后在这个部门有很大的发展余地。	1	2	3	4	5